W0060630

CHRISTA-MARIA STEINBERG

Fröhlich erziehen?!

ERFAHRUNGEN AUS 50-JÄHRIGER BERATUNG

Titel: Fröhlich erziehen!?
Autorin: Dr. Christa-Maria Steinberg
1. Auflage 2021

Layout: Marco Köhler
Foto: Lena Scheufler Fotografie
www.lenascheufler.de

Best.-Nr.: 819.844
ISBN 978-3-930868-19-3

Bild, Seite 10: 1997 Julius Steinberg
Verwendete Bibelübersetzung: Luther 1986
Folgende Vorträge wurden erstmalig bei „ethos" abgedruckt:
Kann gesunde „Abnabelung" gelingen? / Wie lernen Kinder, was gut
und böse ist? / Dürfen Großeltern mit erziehen?

© by S.D.G.-Verlag, D-08396 Waldenburg
www.sdg-verlag.de

Für Julius und Uli,
Georg und Lena

Inhalt

Über die Autorin

Dr. Christa-Maria Steinberg, Jahrgang 1941, verheiratet mit Eberhard Steinberg, zwei Söhne, ist Ärztin für Kinder- und Jugendpsychiatrie und Psychotherapie. Sie gehört seit 2006 zum Evangelisationsteam e. V. unter Leitung von Lutz Scheufler. Im Sprechzimmer ihrer Wohnung in Limbach-Oberfrohna bietet sie Psychotherapie an (Gespräche über den Glauben, Verhaltenstherapie, Erziehungsberatung). Zusätzlich wird sie eingeladen zu Vorträgen bei Elternabenden, beim Frauenfrühstück oder bei Seniorennachmittagen. In ihrem Berufsleben leitete sie eine Klinik für Kinder- und Jugendpsychiatrie und Psychotherapie und war verantwortlich für die psychiatrische Betreuung von Menschen mit geistiger und körperlicher Behinderung in einer diakonischen Einrichtung. Sie liebt Jesus; deshalb ist ihr die Seelsorge bei den Therapiegesprächen ein großes Anliegen.

Vorwort

In diesem Büchlein sind einige meiner Vorträge abgedruckt, um die ich immer wieder gebeten wurde. Beim Schreiben wurde die Vortragsform beibehalten. Ich danke den Lektoren, besonders unserem Sohn Georg, für Korrekturen und hilfreiche Vorschläge. Lutz und Sabine Scheufler vom S.D.G.-Verlag sage ich herzlichen Dank dafür, dass sie dieses Büchlein möglich gemacht haben! Möge es helfen, dass Eltern ihre Kinder mit Gottes Hilfe zu einem gelingenden Leben, zur Freude den Mitmenschen und zu SEINER Ehre erziehen können.

Christa-Maria Steinberg im September 2021

Einleitung

Die nebenstehende Zeichnung hat mir in der Sprechstunde oft geholfen, Grundlagen der Erziehung anschaulich zu machen. Man sieht, durch eine Brücke miteinander verbunden, das Kinderzimmer und eine Erwachsenen-Landschaft, jeweils mit typischem Zubehör. Kinderbett, Milchfläschchen und Bauklötze links vorn, Schulgebäude, große Uhr, Gabelstapler, Schreibtisch rechts hinten. Die vielen Gefahren, die unseren Kindern drohen, hier durch einen Abgrund dargestellt, sehen nur wir Eltern. Wir möchten unsere Töchter und Söhne über diese Brücke ins Leben geleiten. Der Glaube ist die festeste Grundlage, die stabilste Brücke, um die Kinder sicher zu tragen. Die Geländer an beiden Seiten sind ebenso wichtig. Sie verhindern das Hinunterfallen, geben den Kindern Halt. Unsere Regeln und unsere Verlässlichkeit kann man mit solchen Geländern vergleichen. Die Kinder empfinden vielleicht das Brückengeländer als unerwünschte Begrenzung und rennen dagegen an, weil sie ja den Abgrund nicht sehen. Die Geländer müssen standhalten, auf beiden Seiten, bei Vater und Mutter – gleich fest. Das bedeutet, dass die Eltern sich möglichst einig sein sollten. Eine sehr schmale Brücke bedeutet eine sehr strenge Erziehung: In dieser Familie gibt es wenig Spielraum. Eine breite Brücke, auf der man sich frei bewegen kann, ist angenehmer und bringt mehr Freude. Aber die Geländer – das sind die Verlässlichkeit der Erwachsenen und die Konsequenz, mit der erzogen wird – müssen auch an den Seiten einer behaglich breiten Brücke Halt geben!

Was geben wir der jungen Generation mit?

Kinder zu erziehen bedeutet, sie über eine Brücke aus dem Kinder- in das Erwachsenenleben zu führen. Dabei möchten wir sie mit guten Gaben ausstatten, damit sie das Leben meistern können. Ich will dabei drei Zeiträume im Leben unserer Kinder und Jugendlichen unterscheiden: das *Kleinkindalter*, das *Schulalter* zwischen sieben und zwölf Jahren und die Zeit der *Pubertät*. Für jeden empfehle ich drei Gaben, die die Jugend von uns Eltern, Großeltern und Erziehern bekommen sollte. Meine persönliche Basis, von der aus ich Vorschläge mache, ist der Glaube an Jesus Christus.

Kleinkindalter
(bis sechs Jahre)

Geborgenheit geben
Geborgenheit sollte im Kleinkindalter die wichtigste Lebenserfahrung sein, vor allem zu Beginn des Lebens. Wenn immer dieselben Personen warm und liebevoll zur Stelle sind, weiß sich das Kind angenommen. Elterliche Liebe, an Mama und Papa sichtbar in der *Haltung und Bewegung* des Körpers, vor allem der *Hände*, im *Gesichtsausdruck*, im *Mienenspiel*, hörbar und mit allen anderen Sinnen erfahrbar, umgibt das Kind. Es bekommt Nahrung und Wärme, Liebe und Lachen und ist nie allein. Es darf zu Hause bleiben, bis es für sein Leben abgesättigt ist mit Bindungserfahrung, Verlässlichkeit, Verbindlichkeit und Vertrauen. Mit drei Jahren ist das Kind dann so weit, dass es tagsüber sein Nest verlassen kann. Abends sitzt jemand am

Bett. Wir sprechen über den Tag. Jemand ist da, wenn es dunkel wird. Das Kind sollte nicht allein einschlafen mit Kassettenmusik im Ohr, und sei sie noch so kindgerecht. Es soll nicht in der Obhut wechselnder Babysitter einschlafen, und seien sie noch so zuverlässig. Es soll nicht angstvoll seinen Teddy an sich drücken und sich unter die Decke verkriechen, weil es die Eltern streiten hört.

Geborgenheit bedeutet für ein Kind auch, dass es *altersgemäß* behandelt wird. Heute werden viele Kinder von klein auf gezwungen, sich zu entscheiden, obwohl sie das noch nicht können. Sie müssen Fragen beantworten wie: „Was möchtest du heute anziehen?" „Was möchtest du essen?" „Magst du jetzt dein Zimmer aufräumen?" „Magst du dem Mann die Hand geben?" „Magst du jetzt zur Frau Dr. ins Zimmer gehen?" Die letzte Frage haben die Kinder in meiner kinderpsychiatrischen Sprechstunde regelmäßig mit „Nein" beantwortet. Warum sollten sie auch zu der fremden Frau ins Zimmer gehen, wo sie doch gerade im Wartezimmer so schön spielen?

Kinder, die nach diesem Muster aufwachsen, bekommen eine unsichere Grundlage. Normal ist, dass man sich entscheidet zwischen Alternativen, die man kennt oder abschätzen kann. Das können Kinder nicht. Sie wissen nichts von wettergerechter Kleidung oder gesunder Ernährung. Manche Kinder macht diese Überforderung aggressiv. (Ich denke dann immer daran, dass ich einmal einen neuen Drucker brauchte und mein Mann mir die Entscheidung überlassen wollte, welches Modell für mich das richtige sei. Ich verstehe nichts von Druckern und habe ihn gebeten, zu entscheiden. Als er nicht aufhörte nachzufragen, welches Modell ich denn wollte und was der Drucker alles können sollte, wurde ich wütend: Ich kann das nicht entscheiden!) Zudem sind manche dieser Fragen an die Kinder nicht echt, das Kind hat ja gar keine Wahl: Es muss jetzt aufräumen, es muss ins Arztzimmer gehen. Nach meiner Erfahrung wachsen Kinder geborgen und mit gesundem Selbstbewusstsein auf, wenn ihnen eindeutige Anweisungen gegeben werden – natürlich in Liebe verpackt. Auf diese Weise lernt ein Kind den Raum kennen, in dem es sich bewegen muss und darf. Das macht sicher.

Also: Besonders am Anfang des Lebens braucht ein Kind viel Geborgenheitserfahrung, liebevolle Betreuung und klar verständliche, altersgemäße Handlungsanweisungen. Fernsehen ist nicht geeignet, um Geborgenheit zu erfahren, aber genügend Zeit zum Spielen. Mädchen, die ungeborgen aufwachsen, können später depressiv werden, Essstörungen bekommen oder alkohol- und drogensüchtig werden. Jungen, die ungeborgen aufwachsen, können gewalttätig oder beziehungsunfähig werden und sind später oft nicht in der Lage, Verantwortung zu übernehmen. Geborgene Kinder sind satt, abgepolstert und später belastbar.

Grenzen setzen
Als zweite Mitgift während des Kleinkindalters schlage ich vor: Grenzsetzung. Es gab einmal eine Kaffeewerbung: Ein Kleinkind im Hochstuhl saß seinem Vater am Tisch gegenüber. Der Vater fütterte das Kind mit dem Löffel und pustete über den Brei, um ihn abzukühlen. Über den nächsten Löffel pustete das Kind. Es blies so stark, dass der Brei in alle Richtungen flog. Die Tischdecke, die Kaffeetasse und auch die Brille des Vaters waren bespritzt. Und was tat der Vater? Er

lachte sein Kind an – zwar etwas gequält, aber er lächelte – und nahm, wohl zur Beruhigung, einen Schluck dieses guten Kaffees. Schade! Hier hätte das Kind eine Grenze gebraucht: „Nein. Ich möchte nicht, dass du mit dem Brei in der Gegend herumspritzt!" Wie soll das Kind nun wissen, dass es nicht in Ordnung war, herumzupusten? Es hat gelernt: Spritzen ist gut, Papa lächelt. Schon der Säugling muss Grenzen erfahren, damit er sich geborgen erlebt. Er wird *regelmäßig* gefüttert, gebadet, an die Luft gebracht und schläft regelmäßig. Die Eltern geben die Zeiten vor, Kinder gewöhnen sich daran.

Bowlby (1951, London) schreibt: „Sie (die Mutter) bestimmt, wo er (der Säugling) sich aufhalten soll, wann er essen, schlafen und gewaschen werden soll, sorgt in jeder Weise für ihn, erlaubt ihm gewisse Dinge und verbietet andere." Das gilt auch heute noch, siebzig Jahre später.

Eine Dame erzählte mir, wie sie sich ein bisschen gefürchtet habe, als ihre beiden Enkelinnen, eher antiautoritär erzogen, bei ihr übernachten sollten. Da habe sie abends aus dem Schlafzimmer gehört, wie die Fünfjährige zu ihrer kleinen Schwester zufrieden sagte: „Bei Oma wird geschlafen!" Klare, liebevolle Ansagen werden verstanden! Sehr oft im Kleinkindalter muss man nein sagen. Man muss bei einem Verbot oder Versprechen bleiben. Das Nein wird mit Liebe gewürzt, ist aber fest und muss nicht erklärt werden. Sie kennen die Situation: Die Kleine möchte an den Herdknöpfen drehen. Wenn Sie geduldig und klar bleiben, lernt sie es beim ersten Mal, dass das verboten ist. Beim nächsten Mal schaut sie vielleicht noch fragend auf Mama, bevor sie das Händchen hebt. Aber wenn die dann wieder den Kopf schüttelt, hat sie es verstanden und gelernt.

Das passiert im Alter von neun bis zehn Monaten. Da sind die Kinder besonders süß und es fällt schwer, nein zu sagen! Aber jetzt prägt sich ein, was erlaubt ist und was nicht. Schenken Sie Ihren Kindern Grenzen!

Gottes Liebe vermitteln

Wie kann man Kleinkinder mit Gott zusammenbringen? Glaubens-Samenkörner sät man nämlich am besten zu Anfang. Als unsere Kinder klein waren, hatte ich noch kein persönliches Verhältnis zu Gott. Trotzdem habe ich abends an den Kinderbetten gebetet. Das Motiv war wohl Dank an Gott für diese geliebten Kinder. Vielleicht war es auch das Bedürfnis, sie unter einen mächtigeren Schutz zu stellen, als wir Eltern ihn bieten können. Was wir mit unseren Kindern beten und singen, prägt sich tief ein. Es ist gut, wenn man Kindern biblische Geschichten erzählt oder aus der Kinderbibel vorliest. Kinder lernen gern Gebete und Lieder auswendig. Sie erzählen, was sie an biblischen Geschichten im Kindergarten gehört haben. (Wer Glück hat, findet einen Kindergarten, in dem die Glaubenserziehung der Kinder für wichtig gehalten wird.) Kinder fragen nach Gott, so wie sie alles andere erfragen und befragen, was sie sehen und erleben. Je mehr Informationen und Einübung sie als Kinder erhalten, desto leichter fällt es ihnen später, eine Entscheidung zu treffen.

Umgekehrt: Wenn sie keinerlei Kenntnisse über unseren christlichen Glauben erhalten und gar keine eigenen Erfahrungen machen können, haben sie es später schwer mit der eigenen Entscheidung. Man kann nie wissen, unter welchem Regen oder Sonnenschein diese früh gelegten Samenkörner früher, später oder sehr spät aufgehen!

Schulkindalter
(sieben bis zwölf Jahre)

Aufgaben

Für uns Erwachsene ist es selbstverständlich, dass wir etwas leisten müssen, um uns etwas leisten zu können. Oft rackern wir Eltern uns ab für ein sorgenfreies, unabhängiges Leben unserer Familie. Stillschweigend gehen wir davon aus, dass unsere Jugend ebenso denkt. Aber die Jugendlichen, die ich in Klinik und Ambulanz gesehen habe, hatten entgegengesetzte Ziele! Sie strebten eher nach Lebensqualität. Eine Mutter erzählte, dass sie ihren Sohn sanft gemahnt habe, doch mal für die Schule zu lernen. „Der Thomas von nebenan sitzt fleißig über seinen Büchern!" Da habe ihr Sohn entgegnet: „Weißt du, Mama, was dem an Lebensqualität entgeht?" Ein Leben *just for fun*, dazu gehören zur coolen Clique, entspanntes *Chillen* – das ist ihnen wichtig. Woher das Geld für die teure Klassenfahrt oder die dicken Sportschuhe kommt, die gerade *in* sind, überlegen sie nicht. Wie vermitteln wir der Jugend Freude an der Leistung?

Bis zur Pubertät helfen Kinder gerne mit und leisten, soviel sie können. Sie erledigen ihre „Samstagsaufgaben": Staubsaugen, Straße fegen. Um Anerkennung von den Eltern zu bekommen, geben sie sich Mühe. Mit anderen zusammen sind sie fleißig und haben daran Freude. In der Klinik wurden Projekte angeboten. Da strengten sich die Kinder zum Beispiel mächtig an, einen nahegelegenen Bach auszuräumen und zu reinigen. Regelmäßige Pflichten dagegen sind weniger beliebt, aber aus meiner Sicht sehr nötig. Da braucht es viel Geduld und Stehvermögen der Eltern, immer wieder zu erinnern und zu kontrollieren, ob auch alle Arbeiten richtig erledigt worden sind.

Kinder sollen feste Haushaltsdienste haben: Tischdecken, Getränke aus dem Keller holen, Holz für den Ofen besorgen, die Spülmaschine ausräumen, Kleintiere versorgen, einkaufen. Sie lernen dabei: All das gehört zum Leben, es muss getan werden, immer wieder. Sie machen auch die Erfahrung: Ich gehöre hierher, bin verantwortlich, muss da sein, bin nötig. Wenn ich in Urlaub gehe, brauchen sie eine Vertretung. In der Klinik war das Gewähren des freien Ausgangs immer gekoppelt an die ordentliche Erledigung der „Dienste".

Außerdem erwerben die Kinder durch diese Arbeiten Geschicklichkeit und Sachkenntnisse, kennen sich aus in ihrer Wohnung. Wenn Kinder nur bedient werden, lernen sie nichts über das wahre Leben. Sie üben nichts ein und bekommen keine Erfahrung. Verwöhnte Kinder sehen sich selbst als überflüssig und unbrauchbar an und werden dann auch wirklich ungeschickt. Sie schließen vielleicht die Schule mit guten Noten ab oder erreichen in ihrem Hobby außergewöhnliche Leistungen. Aber die Kenntnis von Alltagsdingen erwerben sie nicht. Die Befriedigung, etwas für die Familie, die Schulklasse getan zu haben, bleibt ihnen vorenthalten. Also: Kinder, die zu Hause gelernt haben, Aufgaben zu erfüllen, auch wenn es keinen Spaß macht, sind später selbstbewusst und belastbar.

Väterliche Zuwendung

Im Laufe des Kinderlebens tritt der *Vater* zunehmend ins Bewusstsein. Die Kinder interessieren sich für das, was er tut und wünschen sich umgekehrt dasselbe von ihm. Für die Tochter nimmt er auch die Rolle des ersten Mannes im Leben ein. Sie lässt sich gern von ihm bewundern und konkurriert auch schon mal mit der Mutter. Sie wird geprägt für ihre spätere

Partnersuche: So einen, wie ihr Vater ist, sucht sie unbewusst. Für den Sohn ist der Vater das Vorbild, mit dem er sich identifizieren möchte. Wenn die Väter mitkamen zu den Beratungen, konnte ich oft sehen, wie sie von den Söhnen imitiert wurden. Manchmal trugen die Buben den Haarscheitel auf derselben Seite. Sie ahmten die väterliche Handschrift nach, sie wollten denselben Beruf erlernen. Auf einem Gruppenfoto stand der Enkel neben seinem Großvater in derselben Haltung: beide Hände auf den Rücken gelegt. Das Mädchen will wissen, was der Vater politisch denkt oder wie er die Theateraufführung in der Schule findet. Der Vater soll sich für die Schulleistungen interessieren und die Anstrengungen anerkennen. Eine Lebensmittelwerbung zeigte einen strahlenden Jungen in der Küche, die Unterschrift lautete: „Mein Papa, ganz für mich allein, den ganzen Tag, und überhaupt, was gibt's denn zu essen?" Ich habe noch die Zeit erlebt, als die Gewerkschaften im Westen für den arbeitsfreien Samstag kämpften. „Samstags gehört Papa mir!" strahlte ein Junge auf den Propaganda-Plakaten. Am liebsten *tun* die Kinder etwas gemeinsam mit ihrem Vater. Sie gehen joggen, schwimmen, Rad fahren. Sie spielen mit ihm oder gehen mit in die Werkstatt. Jedenfalls soll der Vater Zeit haben. Er soll den Kindern nicht nur sagen, dass er sie liebt, sondern sie sollen ohne Worte auch erleben und spüren, dass er sich Zeit nimmt für sie. Auch nach dem abwesenden, vielleicht geschiedenen Vater sehnt sich das Kind. Es will sich verlassen auf regelmäßige Besuche. Und dabei will es keine Feindseligkeiten zwischen den Eltern erleben. Die sollen sie unter sich ausmachen und das Kind nicht spüren lassen. Wenn jetzt der Vater Zeit hat für die Schulkinder, haben seine Heranwachsenden später auch Zeit für ihn und sind weniger aushäusig. Die *Bielefelder Längsschnittstudie* von *Grossmann* aus dem Jahr 2000 stellt fest:

„Hohes väterliches Engagement im Alter der Kinder von zwei und zehn Jahren ging mit einem qualitativ besseren Interaktionsverhalten ... mit den Achtzehnjährigen einher." In dieser Studie wurde väterliches Verhalten im Umgang mit Kindern zu verschiedenen Lebenszeiten über insgesamt siebzehn Jahre untersucht. Dabei zeigte sich, dass eine intensive Zuwendung des Vaters im Kleinkindalter eine festere Beziehung in der Pubertät erwarten lässt. Nimmt der Vater sich keine Zeit für seine Neunjährige oder den Siebenjährigen, dann empfindet das Kind unbewusst etwa so: Papa ist nie da. Wenn er kommt, muss er fernsehen oder braucht seine Ruhe. Er hört nicht zu, wenn ich etwas erzähle und er fragt mich auch nichts. Anscheinend bin ich ein dummes, langweiliges Kind. Seine Patienten, seine Kunden, seine Schüler, seine Kollegen und die Leute in der Gemeinde sind ja wichtiger als ich. Warum lebe ich überhaupt, wenn ich Papa nicht interessiere? Solche Jugendlichen eifern später allen möglichen Vorbildern nach und suchen lebenslang Autoritäten, oft in radikalen Kreisen. Was Corrie ten Boom, eine holländische Christin, deren Familie in der Nazizeit Juden rettete und die das Konzentrationslager überlebte, über ihren Vater sagt, bringt uns zu Punkt drei: „Dadurch, dass mein Vater mir so sehr seine Liebe zeigte, konnte ich die Liebe des himmlischen Vaters leicht glauben."

Wissen über Gott

Die früher gesäten Samen für ein Leben im Glauben brauchen Nahrung und Pflege, wenn das Kind älter wird. Das Schulkind will nun richtig viel wissen über die Schöpfung, über die Erlebnisse früherer Menschen mit Gott. Es fragt, aus welchem Grund Weihnachten gefeiert wird und warum Jesus sterben musste. Es glaubt daran, dass er am Ostermorgen lebendig geworden und jetzt vom Himmel aus für uns aktiv ist. Kinder glauben leichter. Es ist die wichtigste Gabe für ihren Weg, ihnen Bibelwissen zu vermitteln oder dafür zu sorgen, dass sie dieses Wissen erwerben können. Am schönsten ist es, wenn Eltern und Kinder gemeinsam glauben und beten können. Ich habe öfter unseren Kindern Gebetserhörungen erzählt; das fanden sie sehr spannend, manchmal auch lustig. Bei unserem Ältesten fehlte einmal ein Pedal an seinem Fahrrad und er hatte dies bis zum nächsten Morgen nicht repariert. Ich habe mir große Sorgen gemacht und für ihn gebetet: „Himmlischer Vater, schieb du ihn doch irgendwie auf seinem Weg zum Bahnhof!" Abends fiel mir dieses Gebet wieder ein und ich fragte nach, wie die Fahrt gewesen sei. Da sagte der Junge: „Ich hatte Rückenwind!" Da haben wir sehr gelacht und uns gefreut. Kinder lernen ja mehr durch Nachahmung als durch Worte. So werden sie sich gern dem anschließen, was den Eltern wichtig ist.

Pubertät

Als letzten Zeitraum beleuchte ich die Zeit der Pubertät und Adoleszenz unserer Jugend. Das sind etwa die Jahre zwischen zehn/elf und zweiundzwanzig Jahren. Es ist eine Zeit größter körperlicher und geistiger Umwälzungen in dem jungen Menschen. In diesen Jahren ist er oft einsam und schutzlos. Leider merkt die Umgebung diese inneren Vorgänge weniger als sein oppositionelles Verhalten nach außen.

Wertschätzung zeigen
Die Eltern, die mit dem Sechzehnjährigen in die Sprechstunde kommen, haben alles andere im Sinn als ausgerechnet Wertschätzung. Im Gegenteil, der *Junge* bereitet ihnen Sorgen, weil

seine Schulnoten abrutschen. Er hat nur noch die Freundin im Kopf und bleibt stundenlang im Bad. Zu Hause läuft er nur noch selten auf und meldet sich nicht an und ab. Das *Mädchen* strapaziert die elterlichen Nerven, weil es unendlich schlampig wird und dauernd eingeschnappt ist. Es kleidet sich schrill und die Handy-Kosten sind horrende. Aus angespannter Lage hilft nur eine Verhaltensänderung *der Eltern* heraus: Ende des Nörgelns, der Aufregung, des Schimpfens. Ende aber auch der Schuldgefühle: Wer hat das Mädchen bloß so erzogen! Ein Vater sagte: „Es ist leicht, ein Kind zu erziehen, aber schwer, das Ergebnis zu lieben." Auch Resignation ist nicht angezeigt. Am besten beginnt man jetzt mit einer ersten Gabe an die pubertierende Jugend: Wertschätzung. Wertschätzung sieht in der Jugend das, was sie sein wird, wenn sie durch alle Umwälzungen hindurch gegangen ist. Wertschätzung bleibt gewogen bei jeder neuen Haarfarbe und Rocklänge. *Wertschätzung* klärt freundlich und autoritativ sowie konsequent, zum Beispiel: Ausgehzeiten und Phonstärken. Wertschätzung schafft es sogar manchmal, sich an die eigene Pubertät zu erinnern und sich nicht persönlich angegriffen zu fühlen. Wertschätzung interessiert sich für das Denken des Jugendlichen, nimmt seine Anliegen wichtig und hält auch Diskussionen aus, die zu ungelegener Zeit geführt werden. Es ist für Jugendliche in dieser Zeit lebenswichtig, ein attraktives Zuhause zu haben, ein Zuhause, in das man Kumpels mitbringen kann und wo die Stimmung locker ist. Kritik, und sei sie noch so berechtigt, erträgt der junge Mensch gerade in dieser Zeit noch weniger, als wir alle ohnehin Kritik ertragen. Also: Die Mitgift der Wertschätzung entspannt, baut Angst und Aggression ab. So hat der Jugendliche den Rücken frei für die lebenswichtigen Entscheidungen, die er in diesen Jahren treffen muss: Beruf und Partnersuche.

Praxishilfe geben

Die zuerst genannte Gabe der Wertschätzung ist eine Grund-
haltung der Erwachsenen dem Jugendlichen gegenüber. Jetzt
geht es um *praktische Einzelfallhilfe*. Ich meine damit, dass wir
dem Heranwachsenden – auf Anfrage – Problemlösungsmög-
lichkeiten beschreiben und gemeinsam erarbeiten. Beispiele:
Wie sucht sie sich einen Ferienjob, um den Führerschein oder
eine Reise zu finanzieren? Welche Strategie hält sein Zimmer
so in Ordnung, dass er nicht zu überarbeitet und die Mama
trotzdem zufrieden ist? Wie findet sie heraus, was als nächstes
nach dem Schulabschluss dran ist? Die Schwierigkeit für uns
Eltern besteht darin, unsere Heranwachsenden richtig einzuschätzen. Manchmal ermutigen wir sie zu etwas, das sie bisher
nicht selbstständig erledigt hatten. Die Einrichtung des eigenen
Kontos und der Umgang mit Geld, besonders wenn man nicht
mehr zu Hause wohnt, erfordern elterliche Beratung. Ich war
sehr glücklich, als unser jüngerer Sohn mich genau ausfragte,
wie er einen Überblick bekommen könnte über die Kosten der
Lebenshaltung und was ich für Erfahrungen gemacht hätte.
Vielleicht muss der Vater auch mal mit dem Jungen Schrott-
plätze abfahren, um nach günstigen Ersatzteilen fürs Auto zu
suchen ... In der Klinik hatten wir ja vorwiegend heranwachsende Patienten. Zur Therapie gehörten Rollenspiele, zum Beispiel: Wie bringe ich meinen Eltern meinen Berufswunsch bei?
Wie verhalte ich mich bei einem Vorstellungsgespräch? Wie
sage ich Nein, wenn ich ein Date nicht möchte? Es geht bei
dieser Mitgift an unsere Jugend darum, dass wir sie mit praktischen Fertigkeiten ausstatten. Wir ermutigen und bestärken
sie beim Lösen ihrer Probleme. Es ist nicht so gedacht, dass
wir ihnen die Arbeit abnehmen: „Die Miete für dein Zimmer
überweisen wir von hier aus." Nein, sie können selbst lernen

und erfahren, wie sich ihre Lebenskosten zusammensetzen und wie sie ihr Geld gut einteilen können. Oder: „Deine Wäsche bringst du am Wochenende mit." Nein, überall gibt es Waschsalons, wenn man nicht sogar in der Wohngemeinschaft über eine Waschmaschine verfügt. So lernen sie, selbst ihre Sachen in Ordnung zu halten.

Über die Sinnfrage sprechen

Die Frage nach dem Glauben durchzieht das Menschenleben vom Kindesalter an: „Unruhig ist unser Herz in uns, bis es Ruhe findet in dir, o Gott" – sagt Augustin, ein Gelehrter im vierten Jahrhundert. Und besonders in der Zeit der Pubertät ist das Herz unruhig, auch in Bezug auf Gott. Der Dichter Matthias Claudius (1740-1815) sagt: „Der Mensch hat einen Geist in sich, den diese Welt nicht befriedigt." Wer bin ich, warum bin ich da, wozu lebe ich, wo finde ich den Sinn des Lebens – das sind jetzt naheliegende Fragen, über die Jugendliche nachdenken und miteinander sprechen. Ein Abiturient, der den Preis für die jahrgangsbeste Leistung in Deutsch erhalten hatte, hielt seine Rede zur offiziellen Abiturfeier über das Thema: „Welches ist der richtige Weg, den man gehen soll?" In seiner Ansprache fielen unter anderem folgende Worte: "Natürlich ist es nicht möglich, sein Leben völlig Gott zu überlassen und zu denken, der wird schon das Richtige für mich tun, ohne selbst zu planen und an seinem Weg zu bauen. Aber ein bisschen mehr Sorglosigkeit und Gottvertrauen würde wohl jeder unserer gestressten, mit Problemen und Ängsten überladenen Seelen gut tun, ganz bestimmt." Die Rede dieses jungen Mannes fand ein starkes Echo, auch bei seinen Klassenkameraden. Das zeigt uns doch, welche Fragen nach Gott unsere Jugend bewegen und wie sie nach Hilfen sucht für ihre „gestressten, mit Problemen und

Ängsten überladenen Seelen", wie es der junge Mann ausdrückte. Welche Antwort auf die Sinnfrage geben wir ihnen? Antworten *müssen* wir. „Es geht beim Generationenvertrag nicht darum, ob die Jugendlichen von heute einmal in der Lage sein werden, die Alten von morgen zu ernähren, sondern darum, ob die Erwachsenen die Jugendlichen mit Glaubensinhalten ausreichend ernährt haben" (Manfred Kock, ehemaliger Ratsvorsitzender der Evangelischen Kirche in Deutschland). Gott will nicht, dass Er uns gleichgültig ist. Er hat uns gemacht und spricht zu unseren Herzen – immer mal wieder, damit wir sein Angebot wahrnehmen und uns richtig entscheiden. Wie kommen wir Gott näher? Mit einer guten Ethik? Indem wir zu einer christlichen Kirche gehören und vielleicht sogar regelmäßig in die Kirche gehen? Indem wir Geld auf Spendenkonten überweisen? Die Bibel sagt, und wir merken es auch selbst, dass wir von uns aus Gott mit keiner Methode nahe kommen können. Wir sind nie sicher, ob es wirklich reicht. Alle, die versuchen, gut zu leben, etwas für Gott zu tun, fragen sich doch am Ende, ob ihre Sünden ausgeglichen sind, ob die Waage für gut und schlecht sich wenigstens im Gleichgewicht hält. Das ist die Botschaft: „Einer, der jetzt noch ungerecht ist, von Gott gelöst, kann in diesem Augenblick ein Gerechter werden." Ich darf an die große Umtauschstelle unter dem Kreuz von Golgatha gehen, die einzige, die es gibt. Da kann ich meine Gottlosigkeit, meine Lebensschuld, meine Sünde austauschen gegen die Gerechtigkeit, die nur Jesus Christus besitzt. Ich kann beten, jetzt, hier, oder nachher, wenn ich nach Hause komme: „Herr, mein Leben ist befleckt und verschuldet. Ich kriege es nicht sauber. Ich lade alles bei dir ab. Danke, dass du der Eine bist, der mir meine Schuld abnimmt. Danke, dass du mich von meiner Angst erlösen und mich an die Hand nehmen willst. Danke, dass du mir Boden unter die Füße gibst und mir zeigst, wozu ich lebe. Danke, dass du mein Gebet hörst und mich lehren willst, dich zu verstehen." Jesus Christus hat versprochen, und das hält er auch: Ich bringe eure Vergangenheit in Ordnung, führe euch auf euren Wegen durch die Gegenwart und bin das sichere Ziel für eure Zukunft.

Kann gesunde „Abnabelung" gelingen?

Die erste Abnabelung: Durchtrennung der Nabelschnur

Die Nabelschnur ist die engste Verbindung, die es zwischen zwei Menschen gibt. Sie verbindet während der Schwangerschaft Mutter und Kind miteinander. Sie ist ein 60 cm langer Schlauch, spiralig gedreht, damit er nicht abknicken kann. Das eine Ende führt durch den kindlichen Bauch zu Herz und Leber. Das andere Ende geht in die Placenta hinein, den Mutterkuchen. Das ist eine Art riesiger Blutschwamm, der an der Innenwand der Gebärmutter festgewachsen ist. Durch die Nabelschnur fließen etwa 150 Liter Flüssigkeit am Tag: Sauerstoff und Nahrungsmittel in Richtung Kind; Abfallstoffe in Richtung Mutter.

Nach der Geburt nimmt die Mutter das Baby in ihre Arme, an ihr Herz. Das Baby hängt zunächst noch an der Nabelschnur fest. Denn das andere Ende, die Placenta, wird erst als Nachgeburt, also wenig später, herausgepresst. Die Nabelschnur *muss* nun durchgeschnitten werden, damit der Säugling von der Mutter freikommt. Die Hebamme gibt dem Vater die Schere in die Hand; er schneidet die feste, starke, knirschende Schnur durch, damit das Kind von der Mutter gelöst wird und sein eigenständiges Dasein beginnen kann.

Das ist die erste Abnabelung von vielen, die noch folgen werden und müssen im Leben dieses Kindes! Dass der Vater die Nabelschnur durchschneidet, hat eine tiefe psychologisch-symbolische Bedeutung. Mit seiner lebensnotwendigen Tat beginnt er, seine wichtige Rolle einzunehmen. Er ist der, der die Dualität oder Dyade zwischen Mutter und Kind durchbricht und zu einem „Dreiecksverhältnis" erweitert.

Wenn die Nabelschnur durchtrennt worden ist, wird sie nah am Bäuchlein des Kindes abgebunden. Ein kleines Ende bleibt sichtbar. Es fällt nach zehn Tagen von selbst ab. Damit ist die *Neugeborenenzeit* beendet und die *Säuglingszeit* beginnt. Es ist ein Geschenk, wenn die Mutter ihr Kind *stillen* kann. Sie ernährt es besonders gut; die Muttermilch ist immer richtig temperiert, schützt vor Infektionen, schmeckt dem Kind (eines meiner Enkelkinder weinte zum ersten Mal richtig traurig, als es mit sechs Monaten Brei probieren sollte). Die innige, nahe körperliche Verbindung beim Stillen gibt Geborgenheit, Frieden für Mutter und Kind, Nähe, Schutz. Das Nötigste auf der Welt, aber auch das Schönste bekommt das Baby von seiner Mutter.

Die zweite Abnabelung: Abstillen

Wie lange soll ein Kind gestillt werden? Auf diese Frage gibt es so viele unterschiedlichen Antworten! Mütter, Kinderärzte, Hebammen haben dazu Erfahrungen und gute Tipps. Sicher ist aber, dass einmal *abgestillt* werden muss. Das Wort allein klingt schon ähnlich wie *abgenabelt*. Stillt die Mutter zu lange, bindet sie ihr Kind in ungesunder Weise an sich. Es wird klein gehalten, sucht Nahrung an der mütterlichen Brust, obwohl es schon selbst ein Fläschchen oder einen Becher halten könnte. Es sucht Trost am mütterlichen Körper, obwohl es sich jetzt auch schon durch Worte und Streicheln trösten lassen würde. In dem Film *Der letzte Kaiser von China (Bernardo Bertolucci, 1987)* gibt es eine Szene, in der der vielleicht fünf Jahre alte Knabe die Brust seiner Amme sucht und trinkt. So kann das Kind seine „psychologischen Entwicklungsaufgaben", die Gott in jeden Zeitraum unseres Lebens hineingelegt hat, *nicht* lösen. Eine gereifte Persönlichkeit kann es so nicht werden.

Die Zweierbeziehung zwischen Mutter und Kind ist lebensnotwendig *für eine bestimmte Zeit*, so wie die Nabelschnur für die ersten neun Monate des Lebens. Dann *muss* diese Beziehung aufgebrochen werden. Das Ende der Stillzeit nenne ich die zweite Abnabelung. Der *Säugling* wird zum *Kleinkind*. Der Vater tritt immer mehr ins Bild. Er kann nun genauso gut das Kleinkind füttern. Das Kind kann ihn näher kennen lernen und will das auch. Vater und Mutter rücken wieder enger zusammen, das Kind liegt nachts nicht mehr notwendig *zwischen* ihnen. Das ist überlebensnotwendig für die Ehe.

Die göttliche Rangfolge der Beziehungen im Leben sieht so aus: Die wichtigste Bindung ist die an unseren himmlischen Vater. Dann folgen Ehemann/Ehefrau und die Kinder. Wohlgemerkt: erst der Ehemann/die Ehefrau, dann die Kinder. In vielen Ehen nehmen Mütter die Kinder wichtiger als den Ehemann oder gar als Ersatz für ihn. Das ist nicht gut für die Ehe!

Die dritte Abnabelung:
Das Kind wird selbstständiger

Nun wächst das Kind und wird täglich selbstständiger. Erinnern Sie sich an das „Ich kann allein!" ihres Zweijährigen? Das sind harte Zeiten, wenn die Kinder alles allein machen wollen, das dauert! Wir schauen zu, ermuntern, geben Tipps: „Rutsch die Treppe rückwärts runter!", „Steck nicht so viele Nudeln auf einmal in den Mund!", „Der rechte Schuh kommt an den rechten Fuß.", „Wenn du die Handschuhe langsamer anziehst, kann jeder Finger seinen Platz finden." Je geduldiger und praktischer die Eltern erklären können, desto schneller lernen die Kinder die Selbstständigkeit. Die Großmutter hat die Tendenz, zuzugreifen und zu helfen – bitte nicht! „Verwöhnung ist gelernte Hilflosigkeit." Und verwöhnte Kinder sind selbstunsicher und unglücklich. Dagegen befördern wir die Abnabelung, wenn wir bei den Kleinen den Drang zum Selbermachen unterstützen.

Ich habe es damals als Abnabelung empfunden, als meine Kinder in den *Kindergarten* kamen. Zunächst, mit drei Jahren, waren sie nur stundenweise fort, aber mit der Zeit immer länger. Und als mich mein Großer zum ersten Mal mit „Frau Neumann" ansprach, so hieß seine geliebte Kindergärtnerin, bin ich zusammengezuckt und sehr eifersüchtig geworden. Dann kommt der *erste Schultag.* In den neuen Bundesländern feiern sie ihn zu Recht als ein großes Ereignis. Der Tag hat unabsehbare Folgen für das Eltern-Kind-Verhältnis und kann wohl auch als *dritte Abnabelung* angesehen werden. Mir hat einmal eine Mutter ganz empört erzählt, dass nach der Einschulungsfeier die Lehrerin die Erstklässler mit in ihr Klassenzimmer genommen habe und die Mütter nicht mit hinein durften! Spätestens ab jetzt erziehen fremde Leute unsere Kinder mit. Die Maßstäbe werden zu Hause gesetzt, aber Neues muss mit hineingenommen werden. Wir sind weiterhin für unsere Kinder die Hauptpersonen; wir wissen, wie es sein soll. Aber neben uns steht jetzt schon mal ein Lehrer, der anderer Meinung ist als wir Eltern.

Wir helfen unseren Kindern bei der Abnabelung, wenn wir gut von den Lehrern sprechen und sie den Kindern lieb machen. Sehr oft in der Sprechstunde habe ich erfahren, dass Eltern den Kindern die Schule erschweren, indem sie schlecht über die Lehrer reden. Das führt zu einem Loyalitätskonflikt für das Kind. Die Entscheidung, zu wem es in dieser Zeit halten soll, wird ihm schwer gemacht. Die Eltern halten es sozusagen fest, indem sie dem Kind ihre schlechte Beurteilung des Lehrers aufzwingen. Außerdem kann es so nicht lernen, dass man im Leben immer wieder mit andersartigen und schwierigen Mitmenschen auskommen muss. Frei wird das Kind, wenn die Eltern es unterstützen, auch sonderbare Lehrer zu achten und ihnen zu folgen. Das macht Kinder selbstständig und stark.

Die vierte Abnabelung: Pubertät

Autoritätskrise

Die vierte, zugleich die letzte und stärkste Abnabelung, erfolgt während der Zeit der Pubertät. Unsere Jugendlichen durchlaufen eine Autoritätskrise. Angeschoben von Hormonstößen, die es bis dahin nicht gab, stellen sie alle Autoritäten in Frage. Der Sohn denkt – und sagt es vielleicht auch: „Mein Vater ist doch sehr rückständig und unflexibel. Im Sport geht es ja noch, da weiß er ganz schön Bescheid. Aber seine Vorstellungen vom Leben gehören der Vergangenheit an, sind nicht mehr aktuell und ganz unmöglich: So früh kann ich nicht nach Hause kommen am Samstag! Mit so wenig Taschengeld kann ich nicht auskommen! Klar brauche ich ein Handy und den Führerschein! Ich will nicht jeden Sonntag in die Kirche, ich brauche meine Freiheit!"

Die Tochter denkt und sagt: „Jetzt ziehe ich mal etwas anderes an, meine Mutter hat keinen Geschmack! Wieso soll ich mich nicht schminken? Ständig dieses Saubermachen – ab und zu würde auch ausreichen! Lästig sind diese Eltern, zum Glück habe ich meine Freundin!"

Identitätskrise

Zudem gehen die Jugendlichen durch ihre Identitätskrise. Sie fragen sich: „Wer bin ich? Bin ich wirklich euer Kind? – Sehe ich gut aus? Interessiert sich ein Mädchen/ein Junge für mich? Was kann ich? Sehen andere, was ich kann? Wer mag mich? Was will ich?" Und *Sex* rückt in die Mitte allen Denkens und Erlebens.

Ganz neu stellt sich jetzt die Sinnfrage – so drängend, wie später nie mehr im Leben. Die gut geordnete Kinderzeit mit ihrem klaren „Richtig" oder „Falsch" geht über in eine Zeit großer Unordnung und Unsicherheit. Die Jugendlichen reflektieren ihr Leben und vergleichen es mit dem ihrer Freunde. Sie fragen sich, ob ein Leben, wie die Eltern es führen, für sie erstrebenswert ist. Sie überlegen, was sie beruflich werden und was sie sonst aus ihrem Leben machen wollen. Sie stellen sich die zukünftige Ehefrau/den zukünftigen Ehemann vor. Kinder aus gläubigen Elternhäusern testen, ob der Glaube sich lohnt und ob sie so in der Gemeinde leben wollen, wie sie es aus der Kinderzeit kennen. „Was bringt es mir, Jesus zu gehören, Stille Zeit zu halten, zur Jugendstunde zu gehen?"

Wie helfen hier die Eltern?

Die schwierigste Zeit ist das zwölfte bis zwanzigste Lebensjahr des Kindes. Auch die Eltern sind jetzt besonders gefordert. Sie geben Regeln und sagen „Stopp". Da gibt es manchmal schmerzliche Zeiten, in denen der Haussegen schief hängt. Die Jugendlichen halten die Eltern für veraltet, unsensibel und zu streng. Unbewusst sind sie aber beruhigt, wenn die Eltern ihnen noch Grenzen setzen in einer Zeit, in der sonst alles schwimmt. Einerseits also streben sie mit aller Kraft weg von den Eltern, andererseits wollen sie gehalten werden. Auf jeden Fall müssen sie selbstständig werden. Wie unterstützen wir unsere Jugendlichen in dieser Phase der Abnabelung?

Sehen wir die Jugendlichen an als die, die sie einmal sein werden nach diesen Jahren der Umwälzung. Jemand sagte: „Wir müssen die Kunst erlernen, Jugendliche wie junge Erwachsene zu behandeln, nicht weil sie schon erwachsen wären, sondern um ihnen zu helfen, es zu werden." Dazu sollen wir den Jugendlichen unsere Wertschätzung zeigen und sie ermutigen: „Du schaffst das, ich verlasse mich auf dich, ich vertraue dir." „Ich gebe dir Verantwortung. Wir sprechen es ab und ich kontrolliere nicht." Vermitteln wir, dass wir gern zuhören, wenn die Jugendlichen etwas erzählen, dass wir aber nicht in sie dringen, kein Verhör anstellen, und dass wir ihre Intimsphäre respektieren. Wenn Jugendliche dagegen oft zu hören bekommen, sie hätten keinen Durchblick und man könne sich nicht auf sie verlassen und sie nicht ernst nehmen – dann nabeln sie sich zwar auch ab, aber mit Verletzungen. Das soll nicht so sein. Am besten lassen wir unsere Jugendlichen immer spüren, dass wir zu ihnen stehen und ihnen das Erwachsenwerden voll zutrauen.

Wichtig ist es auch, dass wir unsere Jugendlichen üben lassen, ihre Anliegen selbst zu bewältigen. Wir lassen sie allein ihre Kleidung einkaufen oder das Zimmer einrichten. Wir sprechen über den Umgang mit dem eigenen Bankkonto. Vielleicht können wir sie unterstützen, wenn sie sich für einen Job bewerben oder ihren Urlaub planen. Hier spreche ich sensible Bereiche an. Wir möchten uns nicht einmischen, aber unsere Hilfsbereitschaft zeigen. Wir wollen auch dem Jugendlichen keine Schwierigkeiten aus dem Weg räumen, an deren Bewältigung er selbst wachsen könnte. Wir müssen ihn vielleicht Fehler machen lassen! Unerbetener Rat kann schaden. Schön ist es, wenn in der Familie entspannte Beziehungen herrschen und der Jugendliche einfach fragt, wenn er etwas braucht. Das weist in die Zukunft, denn auch, wenn er aus dem Hause gegangen ist, wird er hin und wieder Fragen haben. Eine vertrauensvolle Eltern-Kind-Beziehung kann lebenslang etwas Wunderbares sein.

Erziehen kann man Jugendliche nicht mehr. Wenn es Ärger gibt, weil ihr Sozialverhalten in der Familie zu wünschen übrig lässt – außerhalb der eigenen Familie verhalten sich die Jugendlichen ja oft mustergültig – müssen Regelungen gefunden werden. Man trifft Absprachen, man schließt vielleicht Verträge, um den häuslichen Frieden zu erhalten. Der Heranwachsende befindet sich inzwischen auf Augenhöhe mit den Eltern und man kann ihn nicht mehr zu etwas verdonnern. Man sollte verhandeln. Die Jugendlichen erfahren, dass man sich in Notwendigkeiten fügen muss. Das gehört zum Erwachsenwerden leider dazu! Diese Notwendigkeiten verstehen die Jugendlichen eigentlich, sind aber mit vielen anderen Dingen so ausgefüllt, dass sie manchmal vielleicht ihre gute Erziehung zu vergessen scheinen. Wenn wir die Jugendlichen ernst nehmen und Zeit für sie haben, werden sie sich bequemen, Familienregeln zu beachten.

Die Kinder sind flügge

Unsere Kinder sind jetzt darauf vorbereitet, das Haus zu verlassen und fern von den Eltern zu leben. Ungünstig ist es, wenn man in der Nähe einer Universitätsstadt lebt und die Tochter als Studentin zu Hause wohnen bleibt. Ungünstig ist es, wenn der Sohn im väterlichen Betrieb lernt und weiterhin in seinem Jugendzimmer zu Hause lebt. Zur Abnabelung gehört das Ausfliegen aus dem Nest. Ich kenne Eltern, die ihre Kinder förmlich fortgeschickt haben, damit sie lernten, unabhängig zu leben. Man soll ihnen nicht das vorgekochte Mittagessen für die nächste Woche mitgeben. Man soll ihnen keine Vorhaltungen machen, wenn sie sich lange nicht melden. Man soll sie nicht als Kummerkasten ansehen für eigene Arbeits- oder Ehesorgen. Nein, man darf die Kinder entspannt ziehen lassen. Die Bibel sagt: „Ein Mann muss Vater und Mutter verlassen!" (1. Mose 2,24 und Epheser 5,31). Das heißt, er (und auch sie) wird allein wohnen, fern von zu Hause, ehe er oder sie einen eigenen Hausstand gründet.

Wie können Eltern den Kindern die Abnabelung möglich machen und erleichtern? Ermutigen wir sie – *lebenslang!* Lassen wir sie fröhlich springen, auch wenn uns die Richtung nicht gefällt. Vorwürfe, Lenkungsversuche, Drohungen sind nicht das, was jugendliche und erwachsene Kinder brauchen. Nein, wir sollen sie frei sein lassen und ermutigen. Wir loben sie, bewundern sie, nehmen ihre Hilfe an – das brauchen sie, um sich von uns abnabeln zu können, um selbstständig zu werden und zu bleiben. Hat unser himmlischer Vater sie nicht noch viel lieber, als wir sie haben? Kann er nicht alles für sie tun, damit sie zu seiner Ehre leben können, glücklich und zum Nutzen für ihre Mitmenschen?

Papa, wo bist du? – Die Rolle des Vaters

Das Vaterthema ist mir aus drei Gründen wichtig: Mein Vater hat mich sehr geliebt und ich bin durch seinen fröhlichen Glauben selbst zu Jesus gekommen. Mein Mann hat unsere beiden Söhne erzogen. Daher weiß ich viel über väterliche Erziehung. Als Ärztin in der Kinderpsychiatrie habe ich Väter viel zu selten gesehen. Ein großer Teil der Kinder und Jugendlichen dort leidet unter Vaterlosigkeit. Entweder ist der Vater so schwer berufstätig und ehrenamtlich engagiert, dass sie nichts von ihm haben, oder er ist abwesend, lebt von der Familie getrennt oder ist von der Mutter geschieden. Das führt oftmals zu kindlichen Verhaltensstörungen, die fachmännisch untersucht und behandelt werden müssen.

Was bedeutet der Vater für das Kind?

Schutz

Ein siebenjähriger Junge, der von seiner alleinerziehenden Mutter wegen aggressiver Verhaltensstörungen vorgestellt wird, bekommt den „Scenotest" gereicht. Das ist ein Kasten, der Bauklötze und verschiedene Figuren und Möbel in Puppenhausgröße enthält. Der Junge baut eine „gefährliche" Szene auf: Zwei Kinder gehen über eine Flußbrücke. Unter ihnen schwimmt ein Krokodil und will nach ihnen schnappen. „Und dann kommt mein Papa und kämpft und schießt das Krokodil tot!" Davon sind die Kinder überzeugt: Papa ist da, wenn ich ihn brauche. Dieses Kind hatte seinen Vater nicht bei sich und vermisste ihn so, dass es aggressiv wurde. Kinder brauchen die Gewissheit: Papa hält zu mir. Er lacht mich nicht aus, auch wenn ich etwas nicht weiß oder etwas Dummes sage. Er bewahrt ein Geheimnis. Er lässt mich nicht hängen und verlangt nicht zu viel von mir. Er merkt, dass ich mich angestrengt habe, auch wenn ich im Diktat wieder viele Fehler gemacht habe. Er tröstet mich, wenn es mir schlecht geht. Er versteht und beschützt mich. Bei ihm bin ich geborgen. Er verteidigt mich.

Vermittler des Glaubens

Sein *Glaube* – ist er dem Vater wichtig oder eine leere Formsache? Mein Schwager erzählte, wie ihn sein Vater in die Glaubensrituale seiner jüdischen Gemeinde eingeführt habe. Dann sagte er nachdenklich: „Warum hat mein Vater bloß damit aufgehört, als wir erwachsen waren?" Manche Kinder „lernen", dass der Glaube etwas für Frauen ist, nur Mama und Oma gehen in die Kirche. Für Männer, die im Berufsleben stehen, ist anscheinend der Glaube nicht wichtig! Hier sind die Väter gefragt. Gott sieht sie als Hauspriester, die ihrer Familie von ihm erzählen, Freude an seinem Wort vermitteln und mit Mutter und Kindern singen und beten. Wenn der Vater noch kein persönliches Verhältnis zu Jesus hat, kann er trotzdem darauf achten, dass die Kinder aus Büchern, in Kindergarten und Schule, in Jungschar, Christenlehre, Kindergottesdienst und Konfirmandenunterricht Gott kennenlernen können. Die Kinder brauchen Wissen, um sich einmal für Jesus entscheiden zu können. Und wenn der Vater Jesus liebt, ist es ihm ein Bedürfnis, den Kindern so viel wie möglich davon zu erzählen. Bitte keine uninteressanten Kalenderzettel oder ellenlange Gebete. Die Kinder sollen Freude an Gottes Wort bekommen. Sie merken vor allem, ob Papa Gott vertraut. Das prägt sich ein und hilft ihnen, den richtigen Weg zu finden.

Spielgefährte und Freund

Das Kindchen rennt zur Haustür, wenn Feierabend ist, damit es endlich, endlich den Papa wieder sieht und mit ihm spielen kann. Huckepack reiten, Kissenschlacht veranstalten, auf dem Schoß schön angekuschelt ein Bilderbuch lesen; mit dem Vater angeln, auf den Fußballplatz gehen, mit dem Puppenhaus, dem Kaufmannsladen spielen, puzzeln, mit Lego bauen, mit der Eisenbahn oder Schach spielen, wandern, Fahrradfahren, schwimmen und noch tausend andere Dinge möchten die Kinder mit dem Vater gemeinsam tun. Das „Kind im Manne" (Weshalb gibt es eigentlich kein „Kind in der Frau"?) tut sich mit dem eigenen Kind zusammen, herrliche Zeiten. Der Vater beglückt das Kind, wenn er ihm seine Zeit schenkt. Er wird beglückt durch die Freude seiner Kinder. Er tut sich selbst etwas Gutes, wenn er regelmäßig aus der Erwachsenenwelt aussteigt und mit seinen Kindern spielt, gewinnt, verliert, abenteuert, sich gruselt, lacht.

Väter fordern die Kinder heraus, etwas Neues auszuprobieren: „Versuch mal die Oliven." (Die Mutter denkt vielleicht: „Lass sie doch, das mag sie nicht, dafür ist sie noch zu klein!") Eine gewagte Konstruktion mit den Schienen der Holzeisenbahn, Stücke aus einem „Erwachsenenfilm", die auch für Kinder interessant sind und von Papa erklärt werden; ein mutiger Sprung vom Rand des Schwimmbeckens in Vaters Arme – das macht Kindern Freude. Sie lernen dabei, sich etwas zuzutrauen, sie werden stark. Väter gebrauchen mehr Fremdwörter. Sie messen ihre Kräfte mit dem Sohn und der Tochter, bringen sie zum Lachen. Es ist gut für sie selbst und für die Kinder. Sie lernen ja nicht nur viel Wissenswertes von ihrem Vater. Wichtiger ist, dass sie eine vertrauensvolle Beziehung erfahren und austesten können.

Vorbild

„Wie er sich räuspert, wie er spuckt, das habt ihr ihm glücklich abgeguckt." (Friedrich Schiller, *Wallensteins Lager*, Sechster Auftritt). Wie sehr Söhne ihren Vätern ähnlich werden können, ist nur ansatzweise in Worte zu fassen. Unbewusst gehen sie davon aus, dass alles am Vater richtig ist. Im Laufe der Pubertät fangen sie an, darüber nachzudenken, wie Vater dies und jenes gemacht hat. Sie entscheiden sich, auch so zu denken und zu handeln oder das Gegenteil zu tun. Von wem sonst könnten sie das Leben lernen? Gut, wenn sich der Vater seiner Vorbildfunktion bewusst ist. Sein Glaube, sein Verhältnis zu Arbeit und Freizeit, wie er Bildung und Besitz einschätzt, sein Kleidungsstil und seine Tischmanieren, wie sein Schreibtisch, sein Auto oder seine Werkstatt aussehen, wie er mit Mutter, Schwester, Oma und den Nachbarn redet – alles prägt sich ein und bleibt lebenslang in Erinnerung. Männlichkeit in ihrer Stärke und Schwäche bekommt man von Papa vorgelebt, hoffentlich ermutigend. Die Resilienzforschung (Resilienz = „Spannkraft", „Elastizität", „Beweglichkeit") betont (Caspari, Das Konzept der Resilienz, 2009): „Resiliente Jungen hatten männliche Bezugspersonen als Identifikationsmodell."

Berater

Da der Vater in den Augen des Kindes der klügste Mensch der Welt ist, kann man ihn in allen Sachen um Rat fragen. Der Vater weiß mehr, hat Lebenserfahrung, überblickt die Lage. Je vertrauter Vater und Kinder miteinander sprechen, desto mehr wird der Vater um seine Meinung gebeten und sein Rat eingeholt – von der Frage: „Was soll ich Mama zum Geburtstag schenken?" bis zu: „Was soll ich werden?" Die Väter brauchen nicht zu zittern vor der Last dieser Verantwortung; sie können entspannt bleiben. Sie geben Rat; entscheiden muss die Tochter/der Sohn eines Tages selbst. Ich erinnere mich an einen Augenblick, in dem ich sehr überrascht war und unsicher wurde. Ich hatte meinen Vater gefragt, an welcher Universität ich mich bewerben sollte. Er sagte: „Das weiß ich nicht, das musst du selbst entscheiden." Mir wurde zum ersten Mal bewusst, dass mein Vater nicht alles wusste, dass ich sozusagen allein war. Das empfand ich als sehr beunruhigend. Bei den Wissensfragen, die sie nicht beantworten können, zeigen die Väter den Kindern, wie man sich Informationen beschafft. Wir rannten zum Bücherregal und holten das *Bertelsmann Lexikon* heraus, heute geht man ins Internet. Welch ein Segen auch für einen jungen Familienvater, wenn er weiterhin seinen eigenen Vater um Rat fragen kann!

Hat die Bibel Extras für Väter?

Liebe

„Das Wichtigste, was ein Vater für seine Kinder tun kann, ist, ihre Mutter zu lieben." Der Spruch gefällt mir. Er ist sogar biblisch: „Ihr Männer, liebt eure Frauen" (Epheser 5,25; Kolosser 3,19). Interessant ist, dass die Väter speziell diese Aufforderung bekommen; für Frauen finden wir kein solches biblisches

Zitat. Entspannt und geborgen in der Liebe ihres Mannes kann die Mutter ihre mütterlichen Fähigkeiten entfalten. Viele Väter halten ihre Leitung der Firma, der Gemeinde, des Vereins für wichtiger als die Leitung ihrer Familie. Ich gebe zu, dass es schwierig sein kann, die Erlebnisse und Gefühle von Ehefrau und Kindern zu verstehen und ernst zu nehmen. Bei technischen, wissenschaftlichen, pädagogischen, wirtschaftlichen oder personellen Fragen in Beruf, Gemeinde oder Hobby ist das einfacher. Trotzdem möchte ich die Väter ermutigen, Fragen wie Zubettgeh-Zeiten, Ringkampf auf dem Schulhof, Erschöpfung der Mutter so wichtig zu nehmen wie die Probleme, die sie in Beruf oder Ehrenamt zu lösen haben. (Hier will ich einfügen, dass diese Rollenverteilung zu meiner Zeit die vorherrschende war. Heute helfen sich die Eltern gegenseitig, häusliche und berufliche Pflichten miteinander zu meistern.)

Dazu ist es wichtig, die richtige Reihenfolge der Verantwortlichkeiten aufzustellen. Eric Bjorn, Botschaft vom Kreuz, 2014: „Ich werde meine Prioritäten neu ordnen, um den Bedürfnissen meiner Frau und der Kinder gerecht zu werden ... Ich werde lernen, die grundlegenden Bedürfnisse meiner Frau zu erkennen und Dinge zu vermeiden, die den Geist unserer Ehe zerstören ... Ich werde mit meinen Kindern im Gespräch bleiben."

Erziehung

Gottes Wort richtet sich häufig an die Väter, wenn es um Erziehung geht. In keinem Bereich seines Lebens hat der Mann größere Verantwortung. Kinder zu erziehen ist die wichtigste Investition in die nächsten siebzig bis achtzig Jahre. „Und ihr Väter, reizt und ärgert eure Kinder nicht durch verkehrte Behandlung, sondern erzieht sie liebevoll und weist sie zurecht, so wie der Herr erzieht und zurechtweist!" (Epheser 6,4), „Ihr Väter, reizt und ärgert eure Kinder nicht durch übertriebene Strenge oder durch Ungerechtigkeit; sonst schüchtert ihr sie ein und sie verlieren allen Mut." (Kolosser 3, 21; Übertragung: Christa von Viebahn). Manche Väter ängstigen ihre Kinder. *Heidi Klum*, bekannte Stil-Ikone der Mode, sagte einmal: „Ich hatte Angst vor meinem Vater." Eine junge Frau kam gemeinsam mit ihren Eltern zur Beratung. Sie hatte einen Freund, mit dem sie, weit weg von den Eltern, zusammenlebte. Der Vater berichtete streng, fast aggressiv, dass er ein „Zweiwege-Gespräch" mit der Tochter geführt habe. Auf meine Frage, was das ist, sagte er: „Sie hat zwei Wege zur Auswahl: Entweder gibt sie den Freund auf und kommt in den Himmel oder sie lebt weiter in Sünde und kommt in die Hölle!" Hätte man dieses Thema nicht sachlicher, auf Augenhöhe, um Verständnis werbend führen können? Die Tochter wäre zu einer ruhigen Auseinandersetzung und zum Hören auf Gottes Wort bereit gewesen. In einem ähnlichen Fall nahm sich der Vater den Freund der Tochter zur Brust und sagte: „Ihr lebt doch schon wie Mann und Frau. Wollt ihr das nicht vor Gott in Ordnung bringen und heiraten?" Sie wollten, die Hochzeit wurde gefeiert und alles kam in Ordnung! In Liebe erziehen – die Aufgabe des Vaters. Schön, wenn er sich dabei von Gottes Geboten leiten lässt und sich gütig und geduldig zeigt.

Einigkeit

Jetzt wird getestet, wie gut Mutter und Vater zusammenarbeiten können. Immer wieder haben sie Einigkeit in den einzelnen Erziehungsfragen herzustellen, wo man so unterschiedlicher Meinung sein kann! Zum Thema Rollenverteilung sagt die Bibel: „Wer ein Gemeindeleiter oder Bischof sein will" – ich nehme diese Anforderung für jeden Vater –, „der

muss sich in vorbildlicher Weise um seine Familie kümmern"
(oder: „der muss seiner Familie in vorbildlicher Weise vorste-
hen" (1.Timotheus 3,4-5 und 12: Neue Genfer Übersetzung
2003. Englisch: „He must be able to manage his own family
well and make his children obey him with all respect.") Es
kann für die Frau eine große Entlastung sein, wenn sie bei
Bedarf nachgibt und gemeinsam mit ihrem Mann handelt,
obwohl sie es allein anders machen würde. Gemäß der Bibel ist es so gedacht. Wir beobachten, dass, wenn die Frau
„die Hosen anhat", ein schiefes Bild entsteht. Wie eigenartig
empfinden wir die Rolle des Prinzgemahls. Der Mann sollte
nicht die zweite Rolle spielen. Schwierigkeiten im Rollenver-
ständnis sind oft der Grund für Unsicherheit in der Erziehung. Liebe Mütter, wenn Sie sich nicht einigen können, ob
der Junge Nachhilfestunden bekommt, ob die Tochter um 21
Uhr zu Hause sein soll, ob das Kind zu Weihnachten ein Handy bekommt: Lassen Sie bei unterschiedlichen Standpunkten
Ihrem Mann das letzte Wort. Geben und lassen Sie ihm die
Entscheidung, er ist Familienvorstand, er trägt die Verantwortung für das Ganze. Manchmal ist es gar nicht so wichtig,
was entschieden wird, sondern nur, dass sich die Eltern einigen. So sehen es jedenfalls die Kinder. Sie wollen nicht, dass
Papa und Mama sich ihretwegen streiten. Das ist zu schwer
zu ertragen! Die Eltern sollen sich einig sein! Da muss mal
der eine, mal der andere sich zurückhalten und dem anderen
vertrauen, ohne die eigene Meinung durchsetzen zu müssen.

Wie wächst man in die Vaterrolle hinein?

Neulich erzählte ein junger Prediger eine bewegende Geschichte.
Er beschrieb sich als einen vielseitig interessierten und aktiven

Mann, der seine Freiheit liebte. Nun hatten er und seine Frau das ersehnte und geliebte Söhnchen bekommen und das Leben wurde völlig umgekrempelt! Er sei immer bedrückter geworden, weil nun keinerlei freie Zeit mehr und weniger Selbstbestimmung mehr möglich waren. Mit seiner Frau habe er zusammen gebetet und Lobpreislieder gesungen, um aus der komplizierten Situation herauszufinden. Sie wollten Gott danken für das gesunde Baby, IHM aber auch ihre Enttäuschung und Angst zeigen. Dabei hätten er und seine Frau angefangen zu weinen. All die Not über den Verlust ihrer Freiheit und die Verantwortung für dieses Kind hätten sie beide überwältigt. Dann habe Gottes Wort sie getröstet und jetzt seien sie alle miteinander im Gleichgewicht.

Dieser Bericht zeigt, dass man nicht automatisch in die Elternrolle hineinwächst. Der Mann ist nicht von Natur aus der ideale Vater, jedenfalls die meisten Männer nicht. Wenn sein Vater es war, hatte er ein gutes Vorbild. Aber auch wenn er keinen Vater hatte oder sich an seinem Vater nicht orientieren kann, wird er es lernen. Ich kenne allerdings Väter, die das gar nicht lernen wollen. Bei ihnen gilt: Ich bringe das Geld nach Hause und du trägst für alles andere die Verantwortung. Da sorgt dann die Mutter dafür, dass der Vater es ruhig hat, wenn er von der Arbeit kommt. Er erfährt nichts von seinen Kindern, von ihren Sorgen und Freuden, Krankheiten, schlechten Noten, Wünschen und Ängsten. Viele Menschen sind durch solch eine vaterlose Erziehung geprägt! Ihnen fehlt etwas, sie werden nicht so leicht „groß und stark", denn das geht nur mit einem liebevollen, starken Vater.

Diesen Aspekt der Vaterbedeutung für die Zukunft des Kindes zu beschreiben, ist mir sehr wichtig. Ich halte ihn für fundamental für das geistig-seelisch gesunde Heranwachsen von

Kindern. In Sprechstunde und Klinik habe ich sehr viele Familien gesehen, in denen der Vater aus der Erziehung ausgegrenzt oder in denen um die Erziehungsleitung *gestritten* wurde, auch in gläubigen Familien. Aus Familien, in denen die Person des Vaters herabgewürdigt wird und in denen eher schwache Väter vorhanden sind, wachsen Kinder mit geringem Selbstbewusstsein heran. Sie zeigen wenig Leistungsfreude und neigen zu depressiver Verstimmung. Dagegen gilt: Es ist der liebende Vater, durch den Mädchen und Jungen den aufrechten Gang lernen. Sie bergen sich in der väterlichen Autorität, später müssen die Jungen dann nicht den starken Anführer suchen. Sie müssen dann nicht den Kummer über ihr Unbeachtetsein übertönen mit Musik, ertränken in Alkohol, betäuben mit Zigaretten, Medikamenten oder Drogen. Dann fallen die Mädchen nicht auf einen viel älteren Freund als Vaterersatz herein. Sie sind selbstbewusst und suchen sich einen Freund, der, wie der Vater, mit Frauen gut umgeht und Manieren zeigt.

Der Vater wächst in jedem Fall in seine Aufgabe in dem Maße hinein, wie seine Frau ihn dabei unterstützt. Sie soll ihn in die Erziehungsaufgaben mit hineinnehmen. Vater sagt, sein Beruf sei zu stressig? Dann kann seine Frau dazu beitragen, dass die Kinder trotzdem viel Papa erleben können. Sie gibt ihm die Informationen, die sich während seiner Abwesenheit angesammelt haben. Sie legt ihm Fragen zur Entscheidung vor und bespricht mit ihm, was die Kinder können und brauchen. So erleichtert sie ihm die Doppelbelastung als Verantwortungsträger zu Hause und im Beruf. Der Vater erkämpft sich oft die Mitsprache bei der Kindererziehung nicht, weil er im Beruf schon genug zu kämpfen hat. Vielfach ist es auch bequemer für ihn, wenn die Frau die Verantwortung trägt. Die Kinder empfinden aber beide Eltern als gleichberechtigt in der Erziehung, das ist ihnen angeboren: Mama und Papa. Es ist sehr gut, dass heutzutage viele Väter Dinge mitmachen, die mein Vater weit von sich gewiesen hätte: Geburtsvorbereitungskurs, Unterstützung seiner Frau während der Entbindung, Baby wickeln, Fläschchen geben, Windeln einkaufen, im Kindergarten mitreden. Das hilft, die Beziehung zwischen Kind und Vater wachsen zu lassen.

Alleinerziehende Mütter und Väter

Während meiner Berufstätigkeit hatte ich es nur mit alleinerziehenden Müttern zu tun. Alleinerziehende Väter gibt es erst jetzt zunehmend. Und dass beide Eltern abwechselnd Woche für Woche in zwei verschiedenen Wohnungen für ihre Kinder sorgen, ist ein ganz neues Modell. Die Kinder sollen zwei Heimaten, zwei Zuhause haben. Das ist schon grammatisch unsinnig, für die beiden Begriffe gibt es keine Mehrzahl! Diese Regelung beeinträchtigt das Wohl der Kinder, sie fordert von ihnen noch mehr Anpassung als die früher gängige Besuchsregelung, als die Scheidungskinder ein eindeutiges Zuhause bei der Mutter hatten und den Vater alle vierzehn Tage über das Wochenende besuchten und die Hälfte der Ferien mit ihm verbrachten. Stellen Sie sich vor: jede Woche eine andere Zahnbürste, unterschiedliches Essen, verschiedene Schulwege; Sport oder Musik am Nachmittag werden nur unter größten logistischen Bemühungen möglich gemacht. Wie können Kinder hier Freundschaften pflegen? Und selbstverständlich sind die Erziehungsstile jede Woche anders, manchmal gegensätzlich. Es kommt nicht so sehr auf die Quantität der gemeinsam verbrachten Zeit an, sondern die Qualität. Auch nach dem traditionellen Modell kann der Vater sehr „präsent" sein.

Wenn schon beide Eltern gleich viel erziehen möchten – mitunter ist wohl auch nur das Geld der Grund, das Wechselmodell zu wählen: niemand möchte dem anderen Unterhalt zahlen – dann ist aus fachmännischer Sicht nur das „Nestmodell" geeignet, die Kinder einigermaßen zu schützen. Sie bleiben dann in derselben Wohnung und werden abwechselnd von Mama und Papa betreut.

Alleinerziehende Mütter haben zumeist schwere Probleme zu lösen. Oft sind sie materiell nicht genügend versorgt, so dass sie arbeiten gehen und ihre Kinder unterbringen müssen. Die Erziehung liegt allein auf ihren Schultern, kein Vater da, der mithilft, klare Worte spricht, Sorgen teilt, Unternehmungen möglich macht. Es ist kein Vater da, mit dem sie und die Kinder täglich sprechen könnten. Im Gegenteil, Streit ist häufig, ganz besonders, wenn sie gemeinsames Sorgerecht haben. Das erschwert oft Entscheidungsfindungen sehr.

Ich möchte zwei grundlegende Ratschläge geben, wie alleinerziehende Mütter ihren Kindern die Trauer lindern können. Vaterlos zu sein ist nämlich ein schlimmer, lebenslanger Schmerz für ein Mädchen oder einen Jungen.

1. Versuchen Sie, sich an Ihre eigene Kindheit zu erinnern und daran, was Ihr Vater oder sein Fehlen für Sie bedeutet hat. Dann fällt es Ihnen leichter, den Exgatten als lebenslangen Vater zu sehen. So sehen ihn nämlich Ihre Kinder. Ein großes Glück ist es, wenn die Mutter einen neuen Partner findet, der ihren Kindern ein guter Vater wird. Dadurch können Kinder gewinnen! Der Pflegevater hat schon manchem Scheidungskind den leiblichen Vater vollkommen ersetzt oder ihn sogar übertroffen.

2. Vergeben Sie dem Vater Ihrer Kinder immer wieder. Damit meine ich nicht nur die alten Verletzungen, die zu Trennung und Scheidung geführt haben. Sondern jedes Wochenende, an dem die Kinder, beim Vater zu Besuch, zu viel Fernsehen geschaut und zu viel Süßes zu essen bekommen, keine Schularbeiten gemacht haben und zur Oma abgeschoben wurden. Nur so schaffen Sie es, Ihren Kindern das gute Bild des Vaters zu pflegen. So ein Bild braucht jedes Kind. Das gilt selbstverständlich ebenso für die alleinerziehenden Väter. Auch sie dürfen nur gut von der Mutter sprechen, die Kinder ertragen es nicht anders. Wie schwer das ist, höre ich in der Sprechstunde oft. Der Ärger auf den Partner oder die Trauer um seinen Verlust machen das Herz schwer. Hören sie immer wieder ihren Kindern zu. Die wünschen sich nur das eine und rechnen oft so fest damit, dass sich die Erwachsenen nur wundern können. So äußern sich dann die Kinder: „Wenn Mama wieder zu uns kommt, dann gehen wir Eis essen …"

Es gibt ein sehr schönes Angebot der Kirche, das ich erst hier in Sachsen kennengelernt habe: die Vater-Kind-Freizeit. Da gibt es kreative Angebote, Zeit mit Sohn oder Tochter zu verbringen, um sich noch besser kennenzulernen. Einer meiner Kollegen, Vater von drei Söhnen und einer Tochter, schafft es jedes Jahr, mit jedem Kind einzeln ein Wochenende zu verbringen. Sie sind zum Beispiel mit Fahrrad oder Boot unterwegs und zelten. Vater und Kinder möchten diese Wochenenden nicht mehr missen! Und ein Erlebnis zum Schluss: Eine Frau schrieb ganz bestürzt und voller Angst, ihr achtjähriger Sohn sei in letzter Zeit immer missmutiger und widerspenstiger geworden. Heute habe er in der Küche gestanden mit einem Messer in der Hand. Er habe gedroht, sich umzubringen! Sie fragte mich, was sie tun müsse, ob der Sohn in eine Klinik gehen oder eine ambulante Psychotherapie bekommen müsse. Ich erkundigte mich, ob der Vater Zeit für seinen Sohn habe. „Nein, er ist beruflich extrem gefordert, da geht nichts!" war die Antwort. Ich schrieb ihr, wenn der Vater nicht sofort damit beginne, regelmäßig Zeit für seinen Sohn zu haben, könne niemand dem Kind helfen. Die Mutter konnte sich nicht vorstellen, ihren Mann von so einer Notwendigkeit zu überzeugen. Aber sie sah auch, dass viel auf dem Spiel stand, der Junge meinte es ernst. Erst vier Wochen später schrieb sie wieder: „Heute haben mein Mann und mein Sohn eine Radtour gemacht. Vorhin kam der Junge glücklich zu mir und sagte: ‚Mit Papa war es so cool!' Einige Zeit später trat mein Mann ins Zimmer und sagte strahlend: ‚Du glaubst nicht, was der Junge mir unterwegs alles erzählt hat!'" Macht das nicht Lust aufs Vater-Sein?

Wie werden unsere Kinder stark?

Eltern, Erzieher und Lehrer sehen zunehmend aggressive Kinder. In unserer kinderpsychiatrischen Klinik war „Störung des Sozialverhaltens" die häufigste Aufnahmediagnose. Die aufgenommenen Kinder stritten sich ständig, schlugen, traten, bissen, boxten. Sie gingen einander an den Hals und nahmen sich gegenseitig in den Schwitzkasten, kneteten Steine in Schneebälle. Sie drohten einander und den Erziehern und setzten Schwächere unter Druck. Wie können Eltern und Erzieher mit diesem Verhalten umgehen? Wie reagieren wir in der *akuten* Situation? Wie erziehen wir *langfristig* unsere Kinder so, dass sie stark werden und nicht aggressiv handeln müssen?

Was ist Aggression?

Aggression gehört zu unseren angeborenen Trieben, so wie Hunger und Durst, Sexualität, Schlafen und Wachen. Angriff und Abwehr sind Möglichkeiten, die wir mit auf die Welt bringen. In der Tierwelt ist der Aggressionstrieb notwendig zur Ernährung und Abwehr von Feinden. Nur mittels dieses Triebes wird die Art erhalten. Aber wir Menschen verfügen über ein Großhirn, mit dessen Hilfe wir unsere Triebe steuern können. Wir können entscheiden, ob wir unüberlegt, laut und schnell reagieren. Wollen wir Fäuste ballen, zutreten, schubsen, kneifen? Darf das Kind, wenn es wütend ist, dem anderen den gebauten Turm umstoßen, den Kakao verschütten, den Tisch wegschieben?

Aggressionen ziehen eine Spur von Unglück nach sich. Es gibt Tränen beim Geschädigten, körperliche Wunden, Verletzungen der Seele. Es bleiben Schäden an Haus, Möbeln, Geschirr und Autos. Und geht es dem Angreifer, nachdem er seine Wut herausgelassen hat, nun besser? Unsere Kinder in der Klink waren jedenfalls hinterher nicht erleichtert, sondern jetzt meldete sich das schlechte Gewissen. Eine große Erziehungsaufgabe besteht darin zu vermitteln, wie man den Aggressionstrieb in den Griff bekommt und Konflikte auf sozial verträgliche Weise lösen lernt. Gott schenkt uns die Möglichkeit, unsere Triebe zu beherrschen, auch die Aggression.

Ursachen für die Entfaltung und Verstärkung von Aggression

Wer Gewalt erfährt, wird gewalttätig

Aggression entfaltet und verstärkt sich unter ungünstigen

Bedingungen. Die häufigste ist, dass Kinder selbst Gewalt erfahren. Denn Kinder lernen mehr durch Nachahmung als durch Reden und Ermahnungen, verhalten sich also so, wie sie es von zu Hause kennen. Ungeduldiges Reagieren der Erwachsenen, lautes Streiten und Rechthaberei, unfeine Ausdrücke und Tätlichkeiten sehen Kinder bei ihren Eltern oder erleben es sogar am eigenen Leibe. Das imitieren sie. Es ist also nicht etwa so, dass Kinder aggressiver Eltern besonders friedliebend und friedfertig wären, weil sie unter den aggressiven Erwachsenen leiden. Sondern umgekehrt lernen sie von klein auf durch Beobachten der Eltern, dass man so miteinander umgeht. Auch bei Menschen, die als Kinder körperlich misshandelt wurden, besteht leider die große Gefahr, dass sie als Erwachsene selbst zu Tätern werden. Einmal nahmen wir einen Viertklässler in die Klinik auf, der in seiner Schule als gefährlicher Schläger verschrien war. Seine Lehrerin war glücklich, dass sie die Eltern endlich dazu bringen konnte, den Sohn untersuchen und behandeln zu lassen. Zum ersten Elterngespräch erschienen beide Eltern. Schon nach den ersten gewechselten Sätzen stand der Vater abrupt von seinem Platz auf und packte unseren Psychologen beim Kragen. Aha, so sah das väterliche Vorbild für den Jungen aus! Wenn er mit seinem Vater telefonierte, hörten die Mitarbeiter, wie dieser ihm „gut" zuredete: „Hör bloß nicht auf das, was dir die Leute sagen. Du bist stark und brauchst denen nicht zu gehorchen!" Es versteht sich, dass wir diesem Jungen nicht helfen konnten. Sein Vater war stärker als wir. Ein anderer Patient, ein sechzehnjähriger Realschüler, schubste alle Mitpatienten, an denen er vorbeikam – wenn sie nicht stärker waren als er. Ich fragte ihn: „Woher kennst du das? Ist das bei euch zu Hause üblich?" „Ja klar," erklärte er, „bei uns schubst jeder jeden, die Mama mich, der Papa die Oma." Also: Aggression wird zu Hause gelernt und in Kindergarten, Schule und auf der Straße gelebt.

Wer Gewalt sieht, wird gewalttätig

Es geht um das Thema Medien. Immer neue Statistiken belegen, dass Kinder immer mehr Stunden vor dem Bildschirm verbringen und dort Tausende von Morden und anderen Grausamkeiten sehen. Professor *Manfred Spitzer*, Lehrstuhl für Psychiatrie an der Universität Ulm, schrieb hierzu das Buch „*Vorsicht Bildschirm!*" (2006). Gerade Kinder im Vorschulalter werden geprägt durch Bilder und Filme. Auf die Kleinen wirken gezeigte Bösartigkeiten stark und nachhaltig. Eine Erzieherin im Kindergarten berichtete einmal, dass es erschreckend sei, von welchen Fernsehsendungen die Kinder am Montagmorgen erzählten. Es werden immer wieder Versuche gestartet, die Ungefährlichkeit des Fernsehens nachzuweisen. Nein! Wenn Kinder und Heranwachsende aggressive Filme sehen, werden sie aggressiv, verlieren die Hemmungen, anderen zu schaden. Wenn wir es nicht schaffen, ihren Medienkonsum zu steuern und zu begrenzen, setzen wir unsere Kinder der Gefahr aus, selbst aggressiv zu werden.

Mangel an elterlicher Liebe und Zuwendung

Wenn ein Kind immer wieder erlebt, dass es in allem, was es begehrt, zurückgewiesen wird, wird es aggressiv (oder zieht sich zurück und wird seelisch krank). Ablehnung oder nur äußerliche Wertschätzung richten in den Vorschuljahren besonders großen Schaden an. Wenn ein Kind nicht beachtet wird oder sich nicht beachtet fühlt, kann das die Ursache für Aggressionen sein. Diese sind dann eigentlich eine Bitte um Liebe, der

Wunsch nach Güte, den Eltern eine Mahnung, dass dieses Kind Lob, Zuwendung und Verständnis braucht. Maßregelt man in dieser Situation das Kind stattdessen, macht man es nur noch unglücklicher. Unsere Heilpädagogin hatte an ihre Zimmertür ein Blatt gehängt, auf dem jeder das Zitat des Schweizer Pädagogen *Johann Heinrich Pestalozzi* (1746-1827) lesen konnte: „Liebe mich, wenn ich es am wenigsten verdiene, denn dann brauche ich es am meisten." Es hilft manchmal, ein tobendes, zorniges Kind in den Arm zu nehmen. Da kann es sich beruhigen, den Ärger herausweinen und sich trösten lassen.

Inkonsequente Erziehung
Wenn einem Kind nicht von früh an gute Grenzen gesetzt werden, geht es davon aus, dass es sich alles erlauben kann, um sein Ziel zu erreichen. Denn der Mensch ist nicht von Natur aus gut, wie es manche pädagogischen Konzepte behaupten. Sondern: „Des Menschen Herz ist böse von Jugend auf", sagt die Bibel sehr richtig (1. Mose 8,21). Wenn Kinder sich selbst überlassen und nicht gebremst werden, reagieren sie rücksichtslos – da staunen wir über unsere lieben Kleinen! Sie gewöhnen sich an, sich vorzudrängen, anderen etwas wegzunehmen und laut zu werden, wenn es nicht nach ihrem Kopf geht. Eltern wollen manchmal den Willen ihres Kindes stärken, indem sie ihm nichts verbieten und alle Wünsche erfüllen. Das führt aber zu Aggressionen, die immer stärker werden.

Der richtige Umgang mit Aggressionen

Akute und kurzfristige Vorbeugung
Ein kleiner Wüterich, der von seinen staunenden und schaudernden Kameraden umgeben ist, beruhigt sich nicht. Ohne

Publikum flaut der Zorn schneller ab! Dann wird das Kind ruhig. Später kann es sich entschuldigen, vielleicht den Schaden wieder gutmachen. Und danach – das ist wichtig – sollte der Fall nicht mehr aufgewärmt werden.

Die Erzieher in der Klinik haben immer versucht, dazwischen zu gehen und die Kämpfenden auseinander zu bringen. Man muss Einhalt gebieten, darf nicht wegschauen. Manchmal hilft es auch, den Angreifer akut in den Arm zu nehmen, damit er aus seinem verzweifelten Wütend-Sein herausfinden kann. Später kann dann ruhig über Konsequenzen gesprochen werden: „Wenn du wieder aggressiv wirst und zuschlägst, bekommst du einen Extra-Dienst, gehst eine halbe Stunde eher ins Bett oder bekommst weniger Taschengeld." Die Konsequenzen sollten schmerzhaft sein, für das Kind nachvollziehbar, niemals demütigend. Und niemals darf ein Kind mit Schweigen bestraft werden. Manche Eltern drohen dem Kind: „Dann rede ich drei Tag lang nicht mehr mit dir." Liebesentzug bedeutet Hungernlassen, das kann ein Kind nicht ertragen.

Wie kann man Aggressionen kurzfristig vorbeugen? Wenn Kinder in einer Gruppe, einer Schulklasse möglichst gleich behandelt werden, beugt das den Gefühlen von Eifersucht vor – sehr genau spüren Kinder, ob es gerecht zugeht. Zuwendung entspannt sie. Die Redseligen kann man mit praktischen Arbeiten beschäftigen, die Stilleren herauslocken zum Reden. Bekannt in der Schulpädagogik ist das *Prinzip der intermittierenden Verstärkung*: Immer wieder zwischendurch bekommen die Kinder zu hören, dass der Lehrer mit ihrem Verhalten und ihrer Arbeitsweise zufrieden ist. Eindringlich habe ich das einmal in einer ersten Klasse beobachten können, in der ich saß, um einen Schüler zu begutachten: Während die Kinder etwas in ihre Hefte schrieben, ging die Lehrerin langsam durch die Reihen und wiederholte mehrmals: „Sehr schön! Ihr könnt sehr gut schreiben!" Nach jedem Lob wurden die Kinder noch eifriger. Aufmerksame Freundlichkeit stärkt und beruhigt. Besonders die Aggressiven sollten dicht beim Erzieher sein, an die Hand genommen, nicht aus den Augen gelassen werden. Man schimpft sie öfter aus als andere Kinder, dabei sehnen sie sich so nach guten Worten. Vielleich kann man auch mit einem aggressiven Kind besprechen, was ihm hilft, sich zu beherrschen oder was es wütend macht. Dann lassen sich Situationen vermeiden, in denen es die Kontrolle über sich verliert. Wenn möglich, trennt man angriffslustige Kinder voneinander, setzt die Provokateure etwas mehr an den Rand. Wenn heftig reagierende Kinder als Helfer für Schwächere fungieren können, sind sie oft ganz friedlich. Manchmal brauchen Aggressive spezielle Einzeltherapie, oder sie finden ihren Lieblingssport oder Spezialinteressen, die man fördern kann. Eine entspannte Peergroup – eine Gruppe von Gleichaltrigen –, in der der Aggressive geschätzt und nicht provoziert wird, hilft sehr.

Langfristige Vorbeugung

Aggression ist kein Zeichen von Stärke, auch wenn es so scheint. Nein, Aggression zeigt, dass ein Mensch sich schwach und unterlegen fühlt und kein Selbstbewusstsein hat. Ein starkes, in sich ruhendes Kind, das sich geliebt und geborgen weiß, schlägt nicht unbeherrscht zu. Es wehrt sich zwar, wenn es angegriffen wird, aber es fordert nicht ständig seine Kameraden heraus. Rangkämpfe müssen, besonders unter Jungen, ausgeführt werden. Aber da gelten Regeln! Manche Mütter in der kinderpsychiatrischen Sprechstunde beklagten sich über ihre streitenden und kämpfenden Kinder. Sie wollten so gern Frieden im Kinderzimmer und waren genervt von all den Konflikten. Die Streitigkeiten müssen die Eltern aber aushalten. Die Kinder trainieren, einerseits ihren Platz zu behaupten und andererseits Rücksicht zu nehmen. Das lernt man am besten im Kinderzimmer, aber das bedeutet Streit und Kampf: Zwei Brüder rollten ineinander verschlungen auf dem Fußboden hin und her, die Mutter will eingreifen, aber der Vater hält sie zurück – zu Recht. So ein Kräftemessen ist wichtig! Auch mit dem Vater müssen Söhne „kämpfen". Das lehrt Aggressionskontrolle und schmerzdosiert das Do-ut-des-Prinzip: Ich gebe, auf dass du gibst. Unsere Kinder dürfen sich wehren, sie müssen sich nicht alles gefallen lassen.

Das Selbstbewusstsein stärken

Wenn wir wollen, dass unsere Kinder stark werden, dann sollten wir ihnen ein starkes Selbstbewusstsein vermitteln. Ein Kind, über das sich seine Eltern freuen, hat eine gute Basis. „Kinder sind eine Gabe des Herrn und Leibesfrucht ist ein Geschenk" (Psalm 127,3). Wenn sich ein Kind als Geschenk für seine Eltern erleben darf, wird es selbstbewusst. In der Kinder- und Jugendpsychiatrie erzählten uns Kinder: „Meine Mama wollte mich abtreiben, aber es hat nicht geklappt." Eine Frau erfuhr nach dreißig Jahren, in denen sie von der Familie wenig beachtet und oft abwertend behandelt wurde: „Weißt du nicht, dass du damals gar nicht kommen solltest!" Kinder merken auch, wenn die Eltern sich ein Mädchen oder einen Jungen gewünscht und nicht bekommen haben, und fühlen sich dann schuldig, dass sie nicht „richtig" sind. So werden sie nicht selbstbewusst.

Ein Kind, das von Geburt an dieselben Bezugspersonen um sich hat, kann erleben, dass es für wichtig gehalten wird. Immer sind dieselben Gesichter zur Stelle, wenn das Kind jemanden braucht: Mutter, Vater, Großeltern oder auch drei Jahre lang dieselbe „Tagesmutter" (besser wäre etwa der Ausdruck „Tagestante", denn „Tagesmutter"/„Tagesvater" ist ein Widerspruch in sich). Das Kleinkind soll jedenfalls regelmäßig und verlässlich dieselben zwei oder drei Personen um sich haben. Es soll deutlich merken: Ich bin meinen Eltern das Wichtigste, sie lieben mich, sie sind immer für mich da. Solch ein Erleben in den ersten Lebensjahren ist notwendig, um Selbstbewusstsein zu schaffen.

Auch Pflichten in der Familie zu haben bedeutet, dass man gebraucht wird und dazugehört. Auch das macht selbstbewusst! Ich habe in meiner kinderpsychiatrischen Sprechstunde oft Kinder gesehen, denen alles abgenommen wurde. „Du armer Bub, komm, ich helfe Dir die Schuhe binden, das Hemd aufknöpfen, den Schulranzen tragen." Auf meine Frage in der Sprechstunde, welche Aufgaben die 16-jährige Tochter zu Hause übernehme, erklärte mir eine Mutter: „Meine Tochter soll in der Schule gut sein, für die Hausarbeit bin ich ja da." Ein Kind wird schwerlich selbstbewusst, wenn es nicht helfen darf und muss. Aber wenn es zu Hause tüchtig mitzuarbeiten hat, seine Eltern zufrieden sind mit ihm und es loben – dann wird es stark. Dann weiß das Kind, dass es etwas kann, das zählt.

Die Selbstbeherrschung stärken
Auch Selbstbeherrschung macht stark. Das klingt streng, denn wir sind eigentlich mehr darauf aus, uns etwas zu gönnen, als uns zu beherrschen. Wir essen zu viel – ein Drittel

der Bundesbürger ist überernährt. Wir kaufen zu viel ein und machen Schulden, weil wir alles haben müssen, was wir sehen: „Ich will alles, und zwar jetzt." Wir beherrschen uns nicht beim Autofahren und haben Punkte in Flensburg.

Wie steht es also mit der Kunst der Selbstbeherrschung? Müssen Kinder noch lernen, auf etwas zu verzichten, auch wenn man es ihnen kaufen könnte? Neulich las ich, dass im Mittelalter die Reife eines Kindes getestet wurde, indem man ihm eine Süßigkeit (Dörrobst) und ein Geldstück zur Auswahl gab: Kann sich das Kind schon beherrschen und statt des raschen Genusses den längerfristigen Vorteil wählen? Auch heute gibt es einen solchen Test: Man lässt das Kind wählen zwischen einem Marshmallow sofort oder zwei Marshmallows, wenn es zehn Minuten wartet. Hier wird Selbstbeherrschung getestet. Ich wurde als Kind noch dazu erzogen, in der Passionszeit – das sind die sechs Wochen vor Ostern – auf Süßigkeiten zu verzichten und sie aufzusparen bis Ostern. Vor Weihnachten sollten wir ein Spielzeug verschenken an Kinder, die weniger hatten als wir. Beim Geburtstag der Geschwister lernten wir, zuzuschauen und uns mitzufreuen. Nur das Geburtstagskind bekam Geschenke. Heute bekommen viele Kinder, was sie sich wünschen. Als Kleine brauchen sie nur mit dem Finger darauf zu zeigen oder es sich aus dem Supermarktregal zu nehmen. Und wehe, wenn nicht alle Wünsche, die auf dem Wunschzettel stehen, erfüllt werden!

Mangelnde Selbstbeherrschung führt zu aggressivem Verhalten. Das Kind schlägt dann eben zu, wenn das andere Kind etwas nicht hergeben will. Es hat ja gelernt sich durchzusetzen. Mangelnde Selbstbeherrschung kann schwere *körperliche*

Folgen haben, zum Beispiel Über- oder Fehlernährung. Ein Kind wird lebenslang gesundheitliche Probleme haben, wenn es nicht frühzeitig zur Selbstbeherrschung beim Essen erzogen wird. Kinderärzte nennen es Kindesmisshandlung, wenn man Kinder sich vollstopfen lässt. Berge von Chips und Süßigkeiten, Limonade und Kuchen brachten die Eltern mit, wenn sie ihre Kinder in der Klink besuchten! Mangelnde Selbstbeherrschung hat zudem *seelische* Folgen. Ein unbeherrschter Mensch wird laut, aggressiv, greift an, beschuldigt andere, verletzt mit Worten und Taten seine Mitmenschen und gerät selbst immer mehr in die Einsamkeit.

Ein beherrschter Mensch kann auch in Konfliktsituationen ruhig bleiben, weiterdenken. Wenn er Christ ist, betet er still, anstatt Porzellan zu zerschlagen. Kinder schauen sich bei uns Erwachsenen ab, wie man sich beherrschen kann! Auch Spiele erfordern und trainieren Selbstbeherrschung: Ich muss lernen, es hinzunehmen, wenn ich beim *Memory* die falsche Karte aufgedeckt habe und der Nächste „mein" Pärchen bekommt, wenn ich beim *Mensch-ärgere-dich-nicht* hinausgeworfen werde, wenn ich beim *Schokoladenauspacken* (das haben wir früher gespielt) die Schokolade weitergeben muss, wenn ein anderer eine Sechs gewürfelt hat. Im Spielzimmer der Klinik saßen einmal an verschiedenen Tischen spielende Kinder. Ein Junge konnte überhaupt nicht verlieren. Er schimpfte dann laut, beschuldigte die anderen, die Regeln verletzt zu haben und hob das Spielbrett hoch, sodass alle Figuren wegflogen. Daher wollte ihn niemand mehr dabeihaben. An jedem Tisch wurde er abgewiesen. Traurig schlich er um die Spielenden herum. Da sagte ein Kind ganz mitleidig: „Wenn du anständig bist, darfst du wieder mitspielen."

Er setzte sich und verlor, blieb aber still! Verwundert wurde er angeschaut und ein Mitspieler sagte zu ihm: „Jetzt hast du gewonnen!" Wie wichtig ist die Selbstbeherrschung im Sport – Fairness und Aggression vertragen sich nicht. Auch Diskussionen fordern uns viel Selbstbeherrschung ab und sind ein wichtiges Übungsfeld für Heranwachsende. Hier erlebt die Tochter, dass sie ausreden kann, dass die Eltern versuchen, ihre Argumente zu verstehen und ihrerseits logisch zu antworten. Auch sie muss lernen, bis zu Ende zuzuhören und erst dann zu sprechen. So lernt man, auch in angegriffener Lage ruhig zu warten, bis man an der Reihe ist, und zugleich schnell zu denken und treffend zu kontern. Solche Techniken schauen sich Kinder bei den Erwachsenen ab. Wer sich verbal zu behaupten weiß, muss nicht zuschlagen.

Das Gottvertrauen stärken

Christen haben noch einen Extra-Grund, stark zu sein. Sie wissen: So viel bin ich meinem himmlischen Vater wert, dass er seinen Sohn Jesus auch für mich auf die Erde schickte. Ich darf mit Angst und Freude und jedem anderen Anliegen sofort zu ihm laufen. Er hört jederzeit mein Gebet und schenkt mir, was ich brauche. Er hat die Welt gemacht und ist stärker als jeder, den ich kenne. Er beschützt mich und hilft mir. Wenn wir das unseren Kindern erzählen und sie sehen können, dass wir das glauben, werden sie stark und müssen nicht aggressiv sein. Sie wissen, dass sie geborgen sind und der himmlische Vater für sie sorgt.

Zum Schluss: Unsere Kinder sollen lernen, wie wichtig es ist, nicht aggressiv verletzend zu handeln. Wir lehren sie Rücksichtnahme auf den Nächsten. Mit Gottes Hilfe wollen wir sie zu starken Persönlichkeiten erziehen. Sie sollen lernen, Konflikte beherrscht zu bewältigen. Das ist in unserer Welt alle Tage nötig. Wohl dem, der kraftvoll und erfolgreich im Streit siegt, ohne aggressiv zu sein. Dazu wünsche ich Ihnen Gottes Segen, das heißt: viel Kraft, viel Freude und viel Erfolg.

Wie kann ich Alarmsignale erkennen?

Ein Kind, das Alarmsignale aussendet, ist in Not. Es ist unglücklich, ängstigt sich, erlebt sich als hilflos. Wird der Druck zu groß, die Last zu schwer, dann lässt die kindliche Seele Alarmsignale hervorbrechen. Sie wirken auf Eltern und Erzieher aber nicht offensichtlich wie ein Hilfeschrei, sondern werden als Wesensveränderungen oder Verhaltensstörungen wahrgenommen. Alarmsignale sind verschlüsselte Nachrichten. Man kann es lernen, sie zu deuten.

Es gibt viele Alarmzeichen im Kindesalter: anhaltendes Daumenlutschen über das zweite Lebensjahr hinaus, Nägelknabbern, Kopfwerfen vor dem Einschlafen, scheues, zurückgezogenes Verhalten. Ich greife hier andere Signale heraus: Essstörungen, Schlafprobleme, Aufmerksamkeits- und Leistungsstörungen, Lügen, Stehlen, Aggressivität.

Essstörungen

Sie kennen vielleicht die Situation: Das siebenjährige Kind sitzt am Tisch und will nicht essen. Die Eltern ermuntern, überlisten mit Ablenkung, machen Druck („Wenn du nicht isst, gehst du gleich allein in dein Zimmer!"). Die Mutter versucht, etwas anderes zu kochen, manchmal für jedes Familienmitglied ein Extragericht. Trotzdem will das Kind bei den Mahlzeiten nicht essen oder es isst extrem langsam oder schlingt oder zeigt schlechte Manieren. Jede Mahlzeit ist dann ein unerfreuliches, anstrengendes Ereignis.

Hinter solchen Essstörungen kann eine organische Erkrankung stecken – das muss der Kinderarzt abklären. In der kinderpsychologischen Sprechstunde werden zu Essstörungen zunächst verschiedene Fragen gestellt, zum Beispiel: Wie essen die übrigen Familienmitglieder? Essen sie eher zu viel? Wird am Tisch über das Essen gemäkelt? Spielen süße Zwischenmahlzeiten, auch Pausenschokolade, eine große Rolle? Sind Tischmanieren insgesamt wichtig? Manchmal ergeben die Antworten, dass das Kind mit seinem Verhalten gar nicht aus dem familiären Rahmen fällt; es ist den Eltern nur nicht bewusst gewesen, wie sehr Kinder das elterliche Verhalten nachahmen.

Möglich ist auch, dass das Kind beim Essen einfach nicht ausgefragt werden will. Ich erinnere mich an die Mittagsmahlzeiten in meiner Kindheit. Meine Geschwister und ich kamen hungrig aus der Schule und unser Vater fing dann bei Tisch an zu fragen, wie es heute war, ob wir Arbeiten geschrieben oder wiederbekommen hätten, was für Noten es gegeben habe. Klar, dass uns dabei der Appetit verging. Auch in meiner Sprechstunde haben mir öfter Mütter erzählt, dass sie die Kinder gern beim Essen ausfragen: „Wie war dein Tag?" Achtung, manche Kinder mögen das nicht! Und es soll ja doch fröhlich zugehen, wenn wir zusammen am Tisch sitzen.

Es kann aber auch sein, dass das Kind mit seinem gestörten Ess-verhalten ein Alarmsignal gibt, das ganz andere Ursachen hat: „Es geht mir schlecht, hier wird nur geschimpft." „Keiner hat mich lieb." „Ich halte den Streit zwischen Oma und Mama nicht mehr aus!" „In der Schule behandeln sie mich schlecht." Oft kön-nen Eltern diese Signale nicht entschlüsseln, weil die Kinder auf direkte Fragen nicht antworten. Fachleute, Kinderpsychologen, kennen indirekte Methoden, mit denen man herausbekommt, was das Kind bedrückt. So kann ihm geholfen werden.

Schlafstörungen

Viele Kinder – das kann bis zum Alter von zehn Jahren reichen – halten ihre Eltern abends tüchtig auf Trab. Es ist ein Kampf, sie zum Schlafen zu bringen. Das Kind will einfach nicht ins Bett, es braucht lange zum Einschlafen oder es kommt immer wieder heraus aus dem Kinderzimmer. Es schläft nie allein ein. Das Einschlafen ist eine empfindliche Angelegenheit. Wir ge-ben unser Wachsein, unser Bewusstsein ab und werden hilflos und verletzbar. Ein Kinderarzt (Hans W. Cohn, in: *Mit allen fünf Sinnen*, 1994) dichtet:

Vor dem Schlafengehen

Kinder natürlich
schieben zwischen sich und den Schlaf
noch ein Glas Milch, noch eine Geschichte,
wird es wohl donnern? Der Mond ist zu hell.

Aber Erwachsene:
Sind sie dem Schlafengehen besser gewachsen?

Das Kind kommt nachts regelmäßig ins Elternbett oder schläft überhaupt nur bei der Oma gut. Manche Kinder nässen lange nachts ein – das kann bis zur Pubertät gehen – oder Kleinkinder weinen plötzlich laut im Schlaf, manche schlafwandeln. Wenn solche Symptome beschrieben und beklagt werden, versuchen wir Kinderpsychiater herauszufinden, wie es dem Kind geht und welchen Stellenwert das abendliche Zubettbringen des Kindes im Tageslauf der Eltern einnimmt.

Ich frage:

* Hat das Kind sich ausgetobt am Tage oder saß es nur im Auto, in der Schule oder vor dem Fernseher?

* Wo liegt das Kinderzimmer in der Wohnung? Vielleicht in der oberen Etage, weit weg vom Wohnzimmer oder dem Schlafzimmer der Eltern?

* Dürfen Geschwister gemeinsam in einem Zimmer schlafen oder muss jedes Kind allein in seinem Zimmer verschwinden? Es gilt ja als Statussymbol, wenn jedes Kind sein eigenes Schlafzimmer hat. Das ist ab dem Pubertätsalter auch richtig, aber für kleinere Kinder ist es beruhigender, gemeinsam in einem Zimmer zu Bett gehen, reden, Quatsch machen und dann einschlafen zu können; das nimmt die Angst.

* Lassen Sie ein Licht an und bleibt die Türe geöffnet? Wie viele lebenslange Schlafstörungen sind entstanden in früheren Zeiten, noch in meiner Kindheit. Da hieß es: „Licht aus! Tür zu!" Das war zu hart für einige Kinder.

* Sitzen Sie abends am Bett und sprechen mit dem Kind, hören ihm zu, lesen eine Geschichte vor, singen und beten mit ihm? Es erleichtert und beruhigt das kindliche Herz, wenn man am Abend Gott dankt für den Tag und ihn um Verzeihung bittet für das, was man lieber nicht hätte tun sollen. Dann kann man befreit und entspannt einschlafen.

Es gibt weitere direkte Ursachen für Schlafstörungen: Wenn das Kind am Abend zu viel oder zu wenig getrunken hat, kommt der Schlaf nicht. Ein Störfaktor kann auch das Fernsehen sein. Filme, die direkt oder verhohlen Abgründiges und Böses zeigen, sind nichts für Kinder. Eine Studie über die subjektiven Ursachen für Schlafstörungen ergab, dass sich achtundfünfzig Prozent der befragten Kinder nach Fernsehsendungen fürchteten, die sie besonders abends gesehen hatten, nur fünf Prozent hatten Dunkelangst. Probleme beim Einschlafen machen natürlich auch verwöhnte, grenzenlos erzogene Kinder. Ich erinnere mich an ein Abendessen bei Bekannten, das völlig verdorben wurde, weil die Kinder bis spätabends immer mal wieder aus dem Kinderzimmer kamen. Auch eine Patientin hielt die Eltern auf Trab, indem sie genau bestimmte, wer mit ihr einschlafen musste und in welchem Bett. Nachdem wir in der Sprechstunde über Lösungen dieses Problems gesprochen hatten, kam die Familie zum Folgetermin nicht wieder. Als ich den Vater später zufällig einmal traf, erklärte er mir kleinlaut, die Tochter habe sich geweigert: „Zu der Frau geh' ich nicht mehr!" Man sieht, das Einschlaf-Zeremoniell war ein Kampf, den die Tochter führte – und gewann.

Schlafstörungen können aber auch Alarmsignale sein. Das Kind will sagen: „Immer höre ich meine Eltern streiten, ich habe solche Angst, dass sie sich scheiden lassen!" Oder: „Ich kann nicht schlafen, weil ich mich davor fürchte, dass Papa betrunken nach Hause kommt." Eine Patientin erzählte mir, dass ihre herzkranke Mutter jeden Abend in der Küche unter dem Kinderzimmer gesessen und laut geweint habe. Die Patientin leidet noch immer an Schlafstörungen! Oder das Kind ist aufgewühlt, weil es im Kindergarten verhauen wird oder die Schule nicht schafft und der Druck unerträglich ist. Manche Kinder schlafen nicht ein, weil sie sich einsam fühlen, traurig, abgeschoben, nicht geborgen. Oft holen sich Kinder abends oder nachts die Zuwendung, die sie tagsüber entbehrt haben – dann gehen sie im Schlaf ins Elternbett.

Eindeutige Alarmsignale sind Einnässen und Angstweinen. Bis zum Schulalter ist gelegentliches Einnässen gar nicht selten; aber man muss doch nachsehen, ob es dem Kind wirklich gut geht. Beim *Pavor nocturnus*, dem nächtlichen Angstschreien, hört man die Kinder laut weinen und findet sie aufrecht im Bett sitzend und geradeaus blickend. Sie hören nicht, wenn man sie beruhigen will, zeigen manchmal mit der Hand, als ob sie etwas sähen. Man muss sie aufwecken, dann schauen sie ganz erstaunt und wissen nicht, dass sie eben geträumt und geschrien haben. Solch einem Kind geht es nicht gut, man muss suchen, an welcher Stelle man es entlasten kann, wo man die Situation ändern muss. Nächtliches Schlafwandeln ist bekannt aus der Geschichte von Heidi (Johanna Spyri: *Heidi*, 1879): Das Kind lebt in der Großstadt Frankfurt, fern von seiner Schweizer Alpenheimat. Jede Nacht träumt es von den Bergen. Es beginnt, im Traum aufzustehen und die Haustüre zu öffnen, weil ihm der Straßenverkehr wie das heimatliche Tannenrauschen klingt. Der Doktor weiß die einzige Lösung: Das Kind muss so schnell wie möglich nach Hause zurückkehren, auf die Alm, zum Großvater.

Aufmerksamkeits- und Leistungsstörungen

Haben Sie einen täglichen Hausaufgabenkampf mit Ihrem Kind zu bestehen? Das Hausaufgabenheft ist weg, „wir haben nichts auf", jede Fliege lenkt ab, die Konzentration hält fünf Minuten lang. Die Lehrer haben dasselbe Problem vervielfacht. Der Zappelphilipp stört die anderen, braucht dauernd neue Aufgaben, extra Aufforderungen, schafft den Stoff nicht, obwohl er sich Mühe zu geben scheint.

Hinter dieser Störung steckt nach meiner Erfahrung oft eine allzu verwöhnende Erziehung. Manche Kinder haben leider nicht gelernt, still zu sein, wenn sie nicht gefragt werden, und Erwachsene nicht zu unterbrechen. Ich hatte einmal eine Bankiersfrau mit ihrem Sohn in der Sprechstunde. Er spielte, während ich die Anamnese aufnahm. Zwischendurch sagte er etwas. Die Mutter hörte sofort auf zu sprechen, wenn das Kind den Mund öffnete. Ich sagte dem Jungen, er komme gleich an die Reihe und könne jetzt ein bisschen still spielen. Die Mutter wurde starr vor Entrüstung, dass ich ihren Schatz zurechtwies! Seine Aufmerksamkeitsstörungen in der Schule waren offenbar das Ergebnis verwöhnender Erziehung – und eine Änderung in diesem Punkt nicht erwünscht! Verwöhnte Kinder wollen nichts tun, wozu sie keine Lust haben. Sie gehorchen auch nicht (dieses Wort hätte ich in der Sprechstunde nicht verwendet, sondern irgendwie umschrieben). Kinder mit diesem Verhaltensmuster bekommen in der Schule Probleme: Sie nehmen ihr Heft nicht heraus, wenn es der Lehrer sagt, schreiben nicht ab, was an der Tafel steht, warten nicht, bis sie an der Reihe sind, und wollen sich beim Sport nicht anstrengen. Das sieht dann aus wie Konzentrationsstörungen und manchmal werden sogar Medikamente verordnet! Das Tragische an diesem Erziehungsstil ist, dass verwöhnte Kinder kein Selbstbewusstsein haben, sie sind Ich-schwach. Sie spüren ja selbst am besten, dass sie vieles nicht können wie andere Kinder. „Das will ich nicht machen", sagen sie. Aber sie meinen: „Das kann ich nicht und ich traue mir nicht zu, es zu probieren."

Wenn Eltern wegen Lern- und Leistungsstörungen ihres Kindes in die Sprechstunde kommen, dann wird auch besprochen, ob das Kind ausreichend Schlaf bekommt und sich ausgewogen ernährt. Vor allem aber werden die Intelligenz und das optische und akustische Wahrnehmungsvermögen getestet. Manchmal stellt sich eine Lese-Rechtschreibschwäche heraus. Nach meiner Erfahrung liegt den Leistungsstörungen aber oft eine einfache Minderbegabung zugrunde. Wenn das Kind schon die zweite Klasse wiederholt und täglich mehr als zwei Stunden für die Hausaufgaben braucht, raten wir Kinderpsychiater zur Lernförderschule. Dieses „Urteil" fürchten die Eltern am allermeisten. Ich habe in meiner Sprechstunde so viele schwach begabte Kinder gesehen, die das normale Schulsystem durchlaufen mussten! Ihre Eltern meinten, das Kind hätte sonst keine fairen Chancen im Leben. So strengte sich das Kind an, erhielt Nachhilfestunden und war hauptsächlich mit dem Lernen beschäftigt. Die Stimmung in der Familie war schlecht, die Eltern unzufrieden, besorgt und fordernd. Es kann tatsächlich gelingen, dass das Kind auf diese Weise die zehnte Klasse oder sogar das Abitur schafft. Aber oftmals ist es als Erwachsener dann gebrochen, überanstrengt, perfektionistisch bis hin zur Zwanghaftigkeit. Wenn die Eltern sich dagegen überwinden, das Kind in die geeignete Schule wechseln zu lassen, kann es erfolgreich, fröhlich und selbstbewusst werden! Die Leistungs- und Konzentrationsstörungen sind dann verschwunden und das Kind kann einen erfüllenden Beruf finden – fast immer liegen Spezialbegabungen vor.

Ein Alarmzeichen ist es, wenn gute Schüler plötzlich unkonzentriert werden und nichts mehr schaffen. Vielleicht ist das Kind in eine neue Lebenssituation geraten, die es beunruhigt und ängstigt. Eher harmlose Gründe sind etwa die Geburt eines Geschwisterchens oder ein Umzug mit Trennung von den alten Freunden. Nicht selten ist aber auch sexueller Missbrauch der Grund. Oder Trennung und Scheidung der Eltern. Auch wenn Vater oder Mutter erkranken oder der Tod eintritt, die geliebte Oma stirbt, können Kinder so verstört und voller Sorgen sein, dass in der Schule nichts mehr klappt. Die Lernstörung ist ein ernst zu nehmendes Alarmsignal. Unbedingt muss dem Kind geholfen werden.

Lügen und Stehlen

Diese beiden Alarmsignale kommen oft gemeinsam vor. Ihren Hintergrund kann man leicht aufdecken und sie verschwinden oft schlagartig, wenn das Kind in eine andere Umgebung versetzt wird oder wenn die Eltern das Signal verstehen und den unausgesprochenen Hilferuf des Kindes erhören.

Ich meine jetzt nicht die Kinder, die schlechten Vorbildern nacheifern. Es gibt ja Erwachsene, die es mit der Wahrheit nicht genau nehmen, vielleicht sogar zum Stehlen ermuntern oder einen Diebstahl herunterspielen. Kinder lernen dann: „Stehlen ist in Ordnung, man darf sich nur nicht erwischen lassen." Kinder, die ohne göttliche Maßstäbe aufwachsen müssen, können keine moralisch guten Grundsätze entwickeln. Wir sagen, sie haben kein Über-Ich. Sie nehmen sich, was sie gern haben möchten, und leugnen beim Nachfragen ab, bis man ihnen den gestohlenen Gegenstand aus der Hosentasche zieht. Jugendliche, die ohne ethische Maßstäbe erzogen wurden, verinnerlichen diese später oft nur noch sehr schwer. Oftmals „unterstützen" die Eltern solches Verhalten, indem sie zum Beispiel hinter dem Rücken der Jugendlichen die Diebstähle „regeln"; passieren Diebstähle in der kinderpsychiatrischen Klinik, bitten sie dringlich, doch ja keine Anzeige zu erstatten. Ein Alarmsignal ist es aber, wenn ordentliche, meist stille Kinder etwas mit nach Hause bringen, das ihnen nicht gehört. Vielleicht möchten sie ein Andenken an die geliebte Lehrerin oder an die Freundin besitzen, von der sie sich mehr geliebt fühlen als von den Eltern. Kinder stehlen Geld aus Mamas Geldbeutel und kaufen Süßigkeiten, um sie in der Pause an Klassenkameraden zu verteilen. Dahinter steckt der Wunsch: „Ich möchte auch mal im Mittelpunkt stehen. Alle sollen zu mir kommen und mich mögen. Ihr Eltern habt keine Zeit für mich, seid so streng mit meinen Fehlern. Wieviel bin ich euch eigentlich wert, wenn ihr immer nur arbeiten müsst?" Ein Lehrerehepaar betrat aufgewühlt mein Sprechzimmer. Sie hatten einen Sohn adoptiert aus Sri Lanka und halfen ihm, so gut sie konnten, im Gymnasium zurechtzukommen. Der Junge hatte, zusammen mit seinem Freund, dem Opa die kostbare Münzsammlung gestohlen und vergraben. Das stand in der Zeitung. Peinlich, peinlich für diese hochachtbare und bekannte Familie. Wir testeten den Jungen, er war lernbehindert. Die Eltern akzeptierten diese Tatsache und schulten den Jungen sofort um. Er fasste wieder Vertrauen zu seinen Eltern, brachte die Münzsammlung zurück und stahl nicht wieder!

Was das Lügen betrifft, so lernen Kinder im Zeitraum vor der Einschulung immer sicherer, Lüge und Wahrheit zu unterscheiden. Bis dahin erfinden sie Geschichten und malen sie aus und erzählen sie so engagiert, dass man manchmal nicht genau weiß, ob sie stimmen oder nicht. Erfundene Geschichten helfen über manchen Schmerz hinweg: „Mein Papa fährt einen roten Porsche und kauft mir alles, was ich haben will. Ich habe ganz, ganz viele Freunde, soll ich die dir mal aufzählen?" Das war ein Kind aus einer geschiedenen Ehe, das seinen Vater nie sah, weil er kein Interesse hatte. Dieses Lügen war ein deutliches Alarmsignal!

Aggressivität

Aggressive Kinder sprechen eine unüberhörbare Sprache, sie bleiben nicht unbemerkt. Jeder nimmt dieses störende Verhalten wahr. Wenn so ein Kind nicht geistig behindert oder in einer Familie großgeworden ist, in der schnell zugeschlagen wird, dann bedeutet dieses Verhalten: „Kümmert euch doch mal um mich. Hört mir doch mal zu. Ich bin so allein, merkt ihr das nicht?" Hilfe bedeutet in diesem Fall, dass Berater sich freundlich und wertschätzend den Eltern zuwenden. Dann können diese lernen, liebevoll mit dem Kind umzugehen. Wenn wir die Eltern zu verstehen suchen, ihnen Mitgefühl signalisieren, können wir sie am ehesten auf unsere Seite ziehen. Wenn es den Eltern gutgeht, ist das Kind entlastet.

Wenn Aggressionen neu auftreten, kann auch hier elterliche Scheidung der Grund sein. Je nach Temperament reagieren Kinder auf diese Katastrophe mit Rückzug oder Aggression oder auch (wie schon erläutert) mit Lernstörungen.

Zum Schluss

Sie haben nun eine Reihe von Anregungen gehört, die Ihnen helfen können, die Alarmsignale Ihres Kindes zu entschlüsseln.

Wir Kinderpsychologen verfügen über spezielle Methoden dazu. Wir führen strukturierte Gespräche mit den Eltern – manchmal auch, wenn die Eltern das erlauben oder wünschen, mit Erziehern und Lehrern. Wir untersuchen das Kind körperlich, neurologisch und psychiatrisch-psychologisch. Nicht nur die Intelligenz und Wahrnehmung, sondern auch das Erleben des Kindes, sein Fühlen und Wollen werden mit Hilfe von Tests ergründet. Jugendliche füllen Fragebögen aus. Bei jüngeren Kindern erfährt man durch Bilder, Geschichten und Spiele etwas über ihr Seelenleben. So finden wir die Ursache und können raten und helfen.

Zum Schluss wünsche ich Ihnen viel Geschick beim Aufschlüsseln der Geheimbotschaften ihrer Kinder. Gott segne Sie bei der kräftezehrenden Aufgabe der Kindererziehung. Hoffentlich haben Sie täglich neue Freude an den Kindern, die Gott Ihnen zur Erziehung anvertraut hat!

Sind ADHS-Kinder schwierig?

ADHS bedeutet *Aufmerksamkeitsdefizit-Hyperaktivitätsstörung.* Es handelt sich um eine erbliche Erkrankung, vorwiegend bei Jungen, die die kindliche Entwicklung in eine schwierige Richtung führt und den Eltern extra viel Liebe, Sachverstand und Geduld abfordert. In unserem Frühförderzentrum war die Verdachtsdiagnose *Aufmerksamkeitsstörung* die häufigste, jedes zweite Kind wurde deswegen vom Kinderarzt an uns überwiesen. Die Krankheit ist leicht zu diagnostizieren, aber ebenso leicht mit anderen, ähnlich aussehenden Störungen zu verwechseln – und schwer zu behandeln.

Frühe Entwicklung und Schule

Kinder mit dieser Erkrankung sind schon im Säuglingsalter zappelig, schreien mehr, schlafen unruhig. Sie überspringen in ihrer Bewegungsentwicklung die Phase des Krabbelns und laufen früh. Dafür lernen sie später sprechen und haben mit dem Sauberwerden Probleme. Im Kindergarten sitzen sie im Morgenkreis nicht still, sondern kaspern gern, wechseln die Spiele schnell und stören andere Kinder. Häufig gehen Gegenstände zu Bruch. Das Kind trägt Narben nach vielen Stürzen. Sich das Knie eines solchen Jungen anzuschauen, bestätigt manchmal die Diagnose.

In der Schule beginnt für die ADHS-Kinder ein Leidensweg. Sie sind sehr impulsiv, lassen sich leicht irritieren, können sich nicht beherrschen und sind besonders ablenkbar. Ihre Umgebung straft sie für ihr Verhalten: Unter den Klassenkameraden sind sie Außenseiter. Sie stecken doppelt so viel Tadel ein wie andere Schüler. Schulunlust ist ihre Antwort, oft auch aggressives Verhalten. Trotz normaler Intelligenz und Anstrengungsbereitschaft stellen sich bald Wissensdefizite ein; sie haben keine Lernstrategien. Dass sie besondere Fähigkeiten in die Waagschale legen können, wird oft übersehen. Sie zeigen zum Beispiel früh eine erstaunliche soziale Reife, Hilfsbereitschaft und Einfühlungsvermögen. Sie geben sich große Mühe, sich anzupassen. Die meisten von ihnen sind sehr kreativ.

Wie wird die Diagnose gestellt?

Um die richtige Diagnose zu stellen, braucht man die Beschreibung der Vorgeschichte. Dazu gehört auch die Beobachtung, dass ein weiteres Familienmitglied, nicht selten der Vater, die

Konzentrationsstörungen aus eigener Erfahrung kennt oder auch jetzt noch als Erwachsener darunter leidet. Im Elektroencephalogramm des Kindes, der Ableitung der Hirnströme, zeigt sich häufig eine Reifungsverzögerung des Gehirns. Bei der neurologischen Untersuchung von Gleichgewicht und Zielsicherheit finden sich Zeichen unsicherer Koordination: Der Siebenjährige zum Beispiel kann die Fingerspitzen bei geschlossenen Augen nicht zueinanderbringen, sein Einbeinstand ist unsicher, das Einbeinhüpfen mühsam. Sehr wichtig ist die Intelligenzuntersuchung, denn nur bei normaler Intelligenz stellt man die Diagnose ADHS. Zusätzlich gibt es Beobachtungsbögen, die von Eltern und Lehrern einfach ausgefüllt werden können. Es wird dokumentiert, wie lange das Kind ruhig sitzen kann, still zuhört, ob es mit seiner Antwort warten kann, bis es aufgerufen wird, wie lange es sich konzentriert. Diese Bögen sind international standardisiert. Überschreiten sie bei der Auswertung eine bestimmte Punktzahl, gilt die Diagnose ADHS als gesichert.

Verwechslungsmöglichkeiten

Nur das korrekt diagnostizierte ADHS kann erfolgreich mit Ritalin behandelt werden. Nicht zuletzt deshalb ist es wichtig, das ADHS von ähnlichen Verhaltensweisen klar zu unterscheiden. Dass bei Minderbegabung die Diagnose nicht gegeben wird, habe ich oben schon erwähnt. Schwach begabte Kinder sind auch manchmal sehr unruhig und konzentrieren sich nicht, ihre Behandlung sieht aber anders aus.

Familiäre Organisationsprobleme/Verwöhnung
Die erziehungsbedingten Aufmerksamkeitsstörungen sind natürlich nicht medikamentös zu beeinflussen. Manche Familien

regeln ihre Angelegenheiten sehr spontan, kommen zu spät, vergessen Termine, die Kinder haben nicht die richtigen Schulutensilien bei sich und können einfach nicht planen, sie sind unorganisiert. Auch verwöhnte Kinder wirken manchmal, als seien sie aufmerksamkeitsgestört. Sie haben einfach keine Lust, mitzumachen. Sie träumen, sie stören.

Überforderung

Ein sehr häufiger seelischer Grund für Zappligkeit ist Überforderung. Viele Kinder haben heute von klein an einen so eng terminierten Tagesablauf und so viele fest verplante Stunden, dass sie überanstrengt sind und in der Schule nicht ruhig bleiben können. Um eine bestimmte frühe Uhrzeit müssen sie im Kindergarten oder im Schulhort sein. Nach der Schule haben sie Sporttraining, Musikschule, Vereinstermine und andere Hobby-Aktivitäten. Nur am Wochenende können sie ausschlafen und den Tag in Ruhe beginnen. Und oft hat kein Erwachsener so richtig Zeit! Das „K.Z.f.d.K.-Syndrom" nennt das Professor Spitzer, Lehrstuhl für Psychiatrie an der Uni Ulm, halb scherzhaft – „Keine Zeit für das Kind". Es kostet die Kinderseele Kraft, wenn die Eltern sich zu wenig Zeit nehmen. „Wozu bin ich auf der Welt, wenn ich für die Erwachsenen nicht zu existieren scheine?" Das Kind reagiert, ihm selbst unbewusst, mit Unruhe und Leistungsschwäche.

Auch hohe Erwartungen an die Schulleistung setzen viele Kinder unter Druck. Wenn zum Beispiel ein Kind mit Lese-Rechtschreibschwäche in der Grundschule ohne Hilfe mitkommen soll, wenn ein mittelmäßig begabter Jugendlicher Abitur machen muss, treten Aufmerksamkeitsprobleme und Unruhe auf. Viele Kinder tragen noch andere seelische Probleme mit sich

herum. Chronischer Streit zwischen den Eltern und das Erlebnis der Scheidung macht sie unruhig. Nach der Scheidung müssen Kinder manchmal ihre Heimat verlassen. Oder sie müssen
sich daran gewöhnen, jede Woche an einem anderen Ort zu
wohnen. Solch eine Belastung kann so schwer sein, dass für
die Schule zu wenig Kraft übrigbleibt. Sehr viele Lern- und
Leistungsstörungen gehen auf dieses Konto. Auch Kinder, die
misshandelt oder sexuell missbraucht werden, sind oft unfähig,
sich in der Schule zu konzentrieren.

Gesunder kindlicher Bewegungsdrang
Eine harmlose Verwechslungsmöglichkeit zum Schluss: Ein
paarmal habe ich Eltern erlebt, die sich ihren Kinderwunsch erst
spät erfüllen konnten oder wollten und nun schon etwas älter
waren. Sie waren oft erstaunt über den aus ihrer Sicht unglaub-
lichen Bewegungs- und Rededrang des tatsächlich ganz normalen Kleinkindes. Ich hörte dann in der Sprechstunde, dass man
sich das so lange ersehnte Kind nicht so unruhig vorgestellt hatte.

Die Behandlung mit Ritalin

Manchmal klagen Eltern darüber, dass bei Unruhe und Schul-
leistungsstörungen sogleich zu Medikamenten gegriffen wird.
Die Klagen sind sehr berechtigt. Deswegen habe ich so ausführlich die ADHS-ähnlichen Störungen beschrieben. Keine ist
therapierbar mit Ritalin, es ist in diesen Fällen wirkungslos.
Erst nach sorgfältiger Diagnose des klar beschreibbaren ADHS
sollte mit Methylphenidat behandelt werden. Diese Substanz
entdeckte 1944 ein Schweizer Pharmakologe und nannte es
Ritalin nach seiner Frau Rita. 1954 kam das Medikament in
Westdeutschland auf den Markt.

Obwohl das ADHS eine der bestuntersuchten Erkrankungen des Kindes- und Jugendalters ist, halten sich hartnäckig Vorurteile gegen *Ritalin* und andere Methylphenidate. Sie wirken bei gesunden Menschen anregend, steigern die Kraft und helfen, wenn man Gewicht abnehmen will, indem sie den Appetit verringern. Bei Menschen mit ADHS tritt die paradoxe Wirkung ein: Das Medikament sorgt für Ruhe. Das Kind bekommt für einige Stunden sozusagen eine Abschirmung, einen Filter. Die Eindrücke aus der Umgebung dringen nicht mehr ungehemmt ein. Das Kind kann ruhig sitzen, sich konzentrieren und lässt sich weniger leicht ablenken. Das Medikament braucht man am Wochenende und in den Ferien nicht, es sei denn, es gebe stressige Ereignisse, bei denen man das Kind abschirmen möchte, zum Beispiel Familenfeiern. Pharmakologisch gesehen: Methylphenidat verschwindet innerhalb von Stunden aus dem Blut, die Wirkung hält höchstens vier Stunden an. Nach sechzehn Uhr darf das Kind nichts mehr einnehmen, sonst wird das Einschlafen gestört. Die Tabletten machen weder abhängig noch müde. Als mögliche Nebenwirkung ist Wachstumsverzögerung bekannt; in meiner Praxis habe ich das kein einziges Mal erlebt, aber natürlich muss man bei dieser Medikamentierung darauf achten, dass das Kind altersgemäß wächst. Mehrmals beobachtet habe ich hingegen die Nebenwirkung, dass Kinder den Appetit verlieren; dann muss man leider die Tabletten absetzen.

Das neue Gefühl, nicht mehr dauernd ausgeschimpft zu werden, ist eine unglaubliche Erleichterung für das Kind und seine Familie. Ich erinnere mich an eine Familie, die auflebte, als sie endlich einmal keinen Stress mehr mit der Schule hatte. Der Vater war unendlich dankbar und verbrachte jetzt schöne

Zeiten mit seinem Sohn. Wenn Kindern diese Hilfe vorenthalten wird, macht man ihnen das Leben unnötig schwer.

Hilfreicher Umgang mit dem ADHS-Kind

Elternberatung ist ein weiterer Bestandteil der Therapie. Die Eltern lernen verstehen, dass ihr Kind nicht an einem Charakterfehler leidet und dass sie in der Erziehung nichts versäumt haben und sich keine Vorwürfe machen müssen. Sie werden gestärkt, ihr Kind klar, eindeutig, ruhig und konsequent zu behandeln. Von klein auf ist das Halten wichtig: In einem Laufstall kann sich das Kind begrenzt und geborgen fühlen. Ein Haltegurt im Kinderwagen und im Hochstuhl verhindert Unfälle. Noch wichtiger als für andere Kinder ist für den kleinen Unruhigen ein sehr regelmäßiger, gleichbleibender, sich wiederholender Tagesablauf: Lieder am Morgen und am Abend, Mittagsruhe, Unterschied zwischen Alltag und Sonntag, feste gemeinsame Mahlzeiten, bei denen es ruhig und möglichst entspannt zugeht. Das Kind hat seinen Stammplatz bei Tisch und weiß genau, wann es aufstehen darf. Auch die frühzeitige Gewöhnung an Ordnung beugt der Unruhe vor. Spontane Planänderungen und Überraschungen mögen ADHS-Kinder nicht. Im Gegenteil, je ruhiger und zeitiger man sie auf eine Veränderung vorbereitet, desto leichter fällt sie ihnen. Die Kinder brauchen einen *Countdown*, um eine Beschäftigung zu beenden und eine neue zu beginnen: „Wir haben jetzt noch eine Stunde, dann ist die Schule aus." „Jetzt schreibst du noch diesen Satz, dann klappst du das Heft zu."

Grobmotorische Betätigungen geben ADHS-Kindern Erfolgserlebnisse. Ausgiebiges, anstrengendes Wandern, Radfahren,

Paddeln und Schwimmen sind geeignete Sportarten. Beim Schneeschippen, Hofkehren, Umgraben erfüllen die Kinder zugleich Familienpflichten und können sich ausagieren. Auch feinmotorisch betätigen sich ADS-Kinder gern und erfolgreich: Handwerkliche Arbeiten (ohne elektrische Werkzeuge), Handarbeiten, Kartoffel- und Äpfelschälen sind ideale Beschäftigungen. Wenn das Kind beim Malen auf dem Schoß sitzen darf, kann es Kunstwerke zustande bringen. Auch beim Reiten, Judo oder anderen ausgewählten Sportarten, die hier mehr eine Therapie darstellen, werden Aufmerksamkeit und Kraftdosierung trainiert.

In Kindergarten und Schule stellt das Kind eine erzieherische Herausforderung dar. Hier braucht es viel Ermutigung, weil es sich wenig zutraut, es hatte zu viele Misserfolge! „Gleich hast du es geschafft, halte durch, mach weiter, noch ein bisschen …" – das hilft. Wenn möglich, soll das Kind auch hier Gelegenheit zum Klettern und Schaukeln bekommen. Wenn man den anderen Kindern der Gruppe die Besonderheit des Störers erklärt, verstehen sie das und sind weniger eifersüchtig, wenn dieses Kind mehr Zuwendung bekommt.

ADHS bei Erwachsenen?

Die Erkrankung verliert sich häufig in der Pubertät. Manche Jugendlichen allerdings erleben sie verstärkt. Andere behalten lebenslang eine gewisse Unruhe und Konzentrationsschwäche. Ein Erwachsener, der wegen Beziehungsproblemen Beratung suchte, litt, ohne es zu wissen, an ADHS. Er konnte sich nicht beherrschen und wurde ständig wegen Kleinigkeiten wütend. Seiner Freundin wurde das zu viel, sie wollte sich trennen.

Zum Glück ist die Erkrankung jetzt auch bei Erwachsenen anerkannt, so konnte ihm medikamentös geholfen werden (*Ritalin* wird seit 2011 für Erwachsene von den Kassen vergütet).

Zum Schluss

ADHS-Kinder und ihre Eltern haben von Gott einen außergewöhnlichen Lebensweg als Aufgabe bekommen. Viele Wünsche bleiben unerfüllt, vieles muss man tun, was man sich so nicht gedacht hatte. Die Zeit muss anders eingeteilt werden, Entscheidungen müssen so getroffen werden, dass sie diesem Kind gut tun. Wie bei allen Hindernissen, die Gott uns in den Weg stellt, liegt darin eine große Chance, andere Seiten des Lebens wichtig zu nehmen. Ein freundliches, geduldiges, fast therapeutisches Miteinander bringt die Familie nah zusammen. Die Forderung des Kindes nach Übersichtlichkeit, Ruhe und viel Freude bremst unseren allgemeinen Hang, hektisch zu leben. Die Eltern können besonders einfühlsam und selbst stärker werden, indem sie ihrem Kind fest zur Seite stehen. Ich habe öfter erlebt, dass Eltern Gott suchten in dieser Not und er ihnen Kraft schenkte oder dass ihr Glaube gefestigt wurde. So bekamen sie Hilfe von oben für die Aufgabe, ihr schwieriges Kind als ein Gottes-Geschenk anzunehmen.

Können behinderte Kinder zum Gewinn werden?

Ein dreizehnjähriges Mädchen befand sich in der kinderpsychiatrischen Klinik, weil es sich zu Hause und in der Schule zunehmend zurückgezogen hatte. Lisa sprach immer weniger, nestelte aus Schuhbändern große Knäuel zusammen, klagte häufig über Bauchweh und starke Kopfschmerzen und bekam unerklärliche Ohnmachtsanfälle. In der Klinik erholte sie sich allmählich, wurde selbstsicherer und fröhlicher und begann, über sich zu sprechen. Einmal kamen die Eltern zum Arztgespräch und konnten eine Therapiestunde miterleben, in der ihre Tochter eine Familienaufstellung baute. Lisa stellte drei Leute in einen Kreis, mit einem Seil auf dem Boden angedeutet ihre Eltern und ihren körperbehinderten jüngeren Bruder. Daneben gab es noch einen Kreis, darin stand Lisa ganz allein. So empfand sich das junge Mädchen: ausgeschlossen aus der Familie, in der sich alles um den behinderten Bruder drehte.

Es lebt sich schwer
mit einem behinderten Kind

Ich spreche hier von Kindern, die wegen genetischer Ursachen, wegen Anomalien der Chromosomen oder wegen krankhafter Verläufe – zum Beispiel rund um die Geburt – eine Hirnverletzung mit Folgen erlitten haben. Sie sind körperlich behindert, spastisch gelähmt, leiden an zu niedriger Muskelspannung oder können ihre Körperhaltung und Bewegungen nicht steuern. Sie sind unterschiedlich stark geistig behindert. Sie erfordern vom Lebensanfang an besondere Aufmerksamkeit der Eltern. Sie müssen abgesaugt oder beatmet werden. Ein Baby-Fon überträgt ständig ihre Herzschläge in die Nähe der Eltern. Sie sind unruhig und schlafen weniger. Sie können nicht saugen und schlucken. Sie brauchen eine besondere Diät. Ihre Verdauung funktioniert nicht oder sie werden niemals sauber. Sie lernen nicht laufen und werden getragen, gefahren und geschoben. Sie sind krankheitsanfällig und brauchen viele Arztbesuche, vielleicht Operationen. Die Eltern müssen mit ihnen regelmäßige Therapien durchlaufen: Physio-, Logo-, Ergotherapie. Vielleicht sind auch Reisen zu weiter entfernt liegenden Spezialkliniken und Reha-Zentren notwendig. Und all dem entwachsen behinderte Kinder nicht, sondern sie brauchen lebenslang Schutz, Hilfestellung, Behandlung oder Pflege.

Dazu muss man eine Menge Hilfsmittel anschaffen: Spezialsauger, rutschfeste Unterlagen für den Teller, besonderes Besteck. Das Bett muss gesichert sein, vielleicht sind ein besonderer Kinderwagen, ein großes Dreirad, ein Rollstuhl nötig. Für die Eltern beginnt ein beispielloser Umdenkungsprozess, wenn sie ein behindertes Baby in den Armen halten, wenn es sich, allen Hoffnungen zum Trotz, nicht altersgemäß weiterentwickelt und den „Entwicklungsrückstand" nicht aufholt, wenn Unfall oder Krankheit das Kind behindert zurücklassen.

Alle Erwartungen, alle Pläne, die sie mit Sohn oder Tochter im Sinn hatten, alle Zukunftsaussichten, die ihnen selbstverständlich oder wünschenswert erschienen, müssen sie fahren lassen. Nun sehen sie sich einer überdimensionalen Aufgabe gegenüber. Oft kann die Mutter das behinderte Kind schneller annehmen, weil sie es ständig versorgen muss und dabei kennenlernt. Die Liebe zu ihrem schwer behinderten Kind überwiegt die Trauer, die Scham und die Zukunftsängste. Der Vater ist zuerst oft seinem behinderten Kind nicht ganz so nah und hat vielleicht größere Mühe, sich einzuleben in die Beziehung zu diesem fremden Wesen. Die Verzweiflung treibt ihn manchmal aus dem Haus, er arbeitet mehr in seinem Beruf als vorher. Er versucht, die Behinderung zu verstehen, die Krankheit kennen zu lernen, die Therapien einzuschätzen.

Oft haben Eltern nicht genug Zeit und Ruhe oder wagen es nicht, ausführlich miteinander über ihre Wut, Verzweiflung, vielleicht Ablehnung des behinderten Wesens zu sprechen. Wie finden sie gemeinsam einen Weg, mit diesem harten Los fertig zu werden? Nicht selten habe ich in meiner kinderpsychiatrischen Praxis erlebt, wie Ehen zerbrechen, weil die gemeinsame Basis, die Herausforderungen durchzustehen, fehlt. Ein starkes Zusammenhalten der Eltern wäre segensreich, klappt aber oft nicht. Stattdessen heißt es: „Du könntest dich auch mal mit diesem Krankheitsbild befassen, dann hättest du mehr Verständnis für das Kind und für mich!" Oder: „Ich komme hier jetzt gar nicht mehr vor, seit unser Kind da ist!" Schlimm ist es, wenn sie einander Vorwürfe machen, an der Behinderung schuld zu sein: „In meiner Familie gibt es so etwas nicht!" Es ist verständlich, wenn Mann und Frau einander aus ihrer ohnmächtigen Hilflosigkeit heraus angreifen, aber nützlich ist es nicht.

Auch für die Geschwister bedeutet das gehandicapte Geschwisterkind eine Belastung. Die große Schwester, bisher der Liebling der Familie, ist von einem auf den anderen Tag abgemeldet. Alles dreht sich jetzt um ihr behindertes Brüderchen. Dauernd sind die Eltern weg, zum Arzt, zur Therapie, ins Krankenhaus. Die „Große" ist allein. Sie merkt, dass keiner für sie Zeit hat, und denkt, dass sie niemand mehr liebt. Für lange Zeit wird der behinderte Bruder ihre Lebensqualität einschränken. Sie muss auf ihn Rücksicht nehmen. Die Eltern sorgen sich nur noch um ihn und können nicht mehr entspannt sein. Eine Patientin erzählte, dass die Familie den neuen Wohnort besichtigt habe, an dem sie ihre Ausbildung beginnen würde. „Ich habe mir so gewünscht, dass Papa und Mama allein mit mir fahren, aber mein Bruder muss ja überallhin mitgenommen werden. Er steht immer im

Mittelpunkt, weil man extra für ihn sorgen muss. Und alle Leute sprechen ihn an und mich niemals!" Eine Mutter erzählte mir, dass ihre Tochter mit Sack und Pack zur Freundin umgezogen sei und deren Mutter gesagt habe, sie wolle mal wo sein, „wo kein Michael ist und ich meine Ruhe habe!"

Geschwister schämen sich wegen ihrer behinderten Schwester, auch wenn sie wissen, wie lieb sie ist und wieviel Spaß sie zu Hause mit ihr haben. Aber sie lernen schnell, dass diese Schwester von Fremden abschätzig oder rücksichtslos behandelt wird, und das demütigt sie sehr. So leben sie in gegensätzlichen Welten: frei und unbeschwert mit ihrer behinderten Schwester zu Hause und vorsichtig in der Schule. Dort muss man sich genau überlegen, was man von ihr erzählt. Und wenn die Schwester in der Öffentlichkeit etwas Dummes sagt oder tut, ist das so peinlich, dass man am liebsten nicht zu dieser Familie gehören möchte.

Ein behindertes Kind beschenkt die Familie

Die Familie und ihr behindertes Kind wachsen zusammen, und im Laufe der Jahre geht allen vielleicht auf, wie wertvoll gerade dieser Mensch für ihr Leben geworden ist. Wenn sich unsere Vorstellungen von der Zukunft unseres Kindes in Luft auflösen, fangen wir an, darüber nachzudenken, was im Leben wirklich zählt. Was wollte Gott uns sagen, als er uns die Verantwortung für dieses Kind übertrug? Zählen im Leben vor allem Intelligenz, Redegewandtheit, Sportlichkeit und Schönheit? Oder erfahren Eltern und Geschwister, wie ganz anders Gott die Prioritäten sieht? Wie er auch Menschen versteht, die wir nicht verstehen, weil sie nicht sprechen können? Wie er

Menschen nahe ist, die ihm lebenslang Kinderbilder malen und schenken? Wie er nicht aufhört, Menschen zu lieben, obwohl sie ihn immer und immer wieder anklagen, weil sie nicht behindert sein wollen?

Ich habe Familien kennengelernt, die wegen der Behinderung ihres Kindes zu Gott gefunden und den Sinn ihres Lebens entdeckt haben. Gott gab ihnen eine neue Perspektive, sie begannen anders zu leben. Sie lernten, ihre Angst abzugeben. Sie bekamen Kraft. Sie erfuhren, wie Gott ihnen bei schweren Entscheidungen half. Zum Beispiel müssen Eltern behinderter Kinder Behandlungsangebote beurteilen, weil sie zustimmen müssen. Wie schwer ist das oft, wie sind zum Beispiel Operationsverläufe voller Risiken und der Erfolg unsicher. Wie sind Medikamente, etwa gegen Anfallsleiden, mit Nebenwirkungen behaftet. Auch die Frage, wo der Mensch mit Behinderung dauerhaft leben soll, ob in der Familie oder einer behindertengerechten Einrichtung, muss eines Tages entschieden werden. Da ist es gut, bei einem vertrauenswürdigen himmlischen Vater geborgen zu sein, der immer und überall den Überblick hat.

Auch Behinderte selbst beschenken ihre Umgebung mit ihrem Glauben. Sie können ihre Familie und andere betreuende Menschen zum Nachdenken über Gott bringen. Sie erfassen die Liebe Gottes, den Tod unseres Herrn und seine Auferstehung anders als wir, aber ganz tief. Als Organistin bei den Gottesdiensten in unserer Diakonie habe ich davon sehr viel mitbekommen. Manchmal, wenn sie ihre Lieblingslieder schmetterten – nicht schön, aber laut, nicht verständlich, aber von Herzen gesungen – war ich an der Orgel sehr gerührt und musste an Psalm 8,3 denken: „Aus dem Munde der unmündigen Kinder hast du dir ein Lob zubereitet!" Berührend ist es, einen geistig gesunden, aber tetraspastischen Mann – das bedeutet, er ist am ganzen Körper gelähmt und kann fast keine gezielte Bewegung ausführen – zu erleben. Er sitzt im Rollstuhl und braucht zu fast allen alltäglichen Dingen einen Helfer. Aber er ist nicht traurig oder verbittert, sondern fröhlich in seinem Glauben an Jesus. Und nicht nur das, er tröstet andere, die zum Gespräch zu ihm kommen oder ihn anrufen. Natürlich freut er sich sehr darauf, dass er im Himmel auf seinen eigenen zwei Beinen gehen und keinen Rollstuhl mehr brauchen wird!

Auch jenseits ewiger Fragen beschenken Menschen mit Behinderung ihre Familien. Sie geben und erwarten Zeit, Zärtlichkeit, Aufmerksamkeit, Berührung, liebevolles Anschauen. Ihre Pflege kann ein stärkendes „Zwiegespräch" sein für beide Seiten. Viele lachen gern, Fröhlichkeit scheint ihre hauptsächliche Eigenschaft zu sein. Sie können sich sehr freuen, das steckt an. Sie stellen direkt und ohne Scheu Kontakt her, man fühlt sich wohl in der Nähe ihrer entspannenden Ehrlichkeit. Der Ausdruck „Distanzlosigkeit", der dieses Verhalten beschreiben soll, scheint mir nicht mehr passend: Vielleicht sind ja wir zu steif und zugeknöpft und brauchten mehr von dieser spontanen Freundlichkeit? Mein Mann und ich machten uns einmal sehr zerstritten auf den Weg zu einer Familienreise, zu der wir meine geistig behinderte Schwester mitnahmen. Sie stieg ins Auto, spürte sogleich die „dicke Luft" und sagte ganz nett zu meinem Mann: „Na, Schwager, is was?" Da brach das Eis, es wurde wieder gemütlich. Und wenn meiner Schwester Geschenke nicht gefallen, dann heuchelt sie nicht das Gegenteil, sondern sagt „Christa, das kannst du gleich wieder mitnehmen, das brauch ich nicht." Ist doch gut, dann weiß man Bescheid, oder?

Zu bewundern haben wir auch die Geduld behinderter Mitmenschen. Sie beschämen uns, wenn wir uns über Kleinigkeiten aufregen. Der Liedermacher *Lutz Scheufler* würdigt die Behinderten in einem Lied als „Wahre Helden" und singt über sie in einem anderen Song „Lebenslust": „Wenn ich einen hätte, zöge ich vor dir meinen Hut!" Die Einfühlsamkeit geistig Behinderter ist berührend, wie interessiert nehmen sie Anteil an Fragen, die andere bewegen. Die Familie lernt andere Familien mit behinderten Kindern kennen, wertvolle Bekanntschaften und Freundschaften wachsen. Man nimmt miteinander Anteil an den Wegen der Menschen mit Behinderung. Kurz, es gelten andere Regeln. Liebevolles, rücksichtsvolles Zusammensein wird eingefordert und selbst auch gegeben. Behinderte Mitmenschen fordern uns lebenslang heraus, die Welt aus ihrer Perspektive zu sehen, weil sie die unsere nicht übernehmen können.

Freiräume für den behinderten Menschen

Sehr leicht passiert es Eltern, dass sie ihre Kinder miteinander vergleichen. Wie oft habe ich in der kinderpsychiatrischen Praxis den Satz gehört: „Der Große ist so anstrengend, dagegen seine kleine Schwester – einfach pflegeleicht!" Dieses Gesprächsthema lasse ich schnell fallen, besonders wenn Kinder beim Gespräch anwesend sind. Sie hören nämlich diesen Vergleich immer wieder und begreifen „schuldbewusst", dass sie nicht so sind, wie sie eigentlich sein sollten. Und ein behindertes Kind unterscheidet sich noch mehr! Wenn nur alle Familien jedes Kind mit seiner Eigenart annehmen könnten! Aber da hat ein behindertes Mädchen einen Modegeschmack, den die Mama einfach nicht tolerieren will. Oder der behinderte Junge hört nur Volksmusik, was alle verächtlich finden. Manche behinderten Kinder werden hart trainiert, um Schulleistungen zu erbringen, derer sie nicht fähig sind.

Ein 21-jähriger junger Mann mit *Morbus Down* (*Trisomie 21*, eine Anomalie der Chromosomen mit der Folge unterschiedlich starker geistiger Behinderung und, oft, körperlicher Einschränkungen) wurde in unsere Diakonie aufgenommen. Es war ihm unmöglich, sich in die Gruppe gleichaltriger Behinderter einzufügen. Er bestand darauf, etwas Besonderes zu sein, den Erziehern nicht zu folgen, die Dienste in der Gruppe nicht zu erledigen. Er sah die Arbeit in der Werkstatt für Menschen mit Behinderung als unter seiner Würde stehend an und interessierte sich nicht für die Mädchen, die ihm dort schöne Augen machten. Beim ersten Elterngespräch trat mir ein elegantes, weltläufiges Ehepaar entgegen. In gepflegter Konversation wurde mir klar gemacht, dass ihr Junge mit Morbus Down schon immer völlig normal gewesen sei. Er spiele Tennis und Golf. Er verbringe regelmäßig seinen Urlaub auf Sylt und habe sich überall angepasst und wohlgefühlt. Schon vom Kindergarten an sei er nur unter nicht behinderten Kindern gewesen. Dann habe er mit Hilfe der Eltern und Lehrer die Hauptschule durchlaufen. Ich fragte natürlich, weshalb er jetzt hier sei und was sie von uns erwarteten. Da kam heraus, dass es eben doch zu Hause Schwierigkeiten gegeben hatte, weil der junge Mann keiner normalen Arbeit nachgehen konnte und die Mädchen ihn nicht wollten! Das Problem war völlig unauflösbar. Eine Zeit lang „flüchtete" sich der junge Mann in eine seelische Erkrankung, die in unserer psychiatrischen Klinik behandelt wurde. Aber als die Depression geheilt war, änderte das seine Lebensumstände auch nicht. Seine Eltern wollten einen normalen

Sohn haben und bremsten ihn in seinem Behindertsein aus, erkannten zugleich seine wirklichen Fähigkeiten nicht an. Sie haben ihn wieder mit nach Hause genommen, um eine bessere Einrichtung für ihn zu suchen!

Dürfen Menschen mit Behinderung sich zu Hause so verhalten, wie sie sind, oder werden sie in ein Schema gepresst? Wird es ihnen zugestanden, dass sie erwachsen werden, oder werden sie weiterhin wie Kinder behandelt, weil sie ja behindert sind? Da nehmen etwa die alten Eltern ihr erwachsenes behindertes Kind mit in den Urlaub, wo es sich langweilt. Die/der erwachsene Behinderte hat nach Feierabend keine Freunde mehr, nur während der Arbeitszeit in der Werkstatt. Sie/Er kennt keinen Club oder andere Freizeiterlebnisse, die es auch für Menschen mit Behinderung gibt. Ich habe oft miterlebt, wie Behinderte nach der Aufnahme in die Diakonie aufgeblüht sind. Sie waren der ständigen Bevormundung durch die Eltern entkommen. Es gab andere Gleichgesinnte in ihrem Alter, mit denen sie sich im Alltag, im Kino, beim Tanzen wohlfühlen und freuen konnten. Sie verliebten sich. Ihr Geschmack wurde nicht mehr in Frage gestellt. Sie durften selbst entscheiden, was sie anziehen und wofür sie ihr Taschengeld ausgeben wollten.

Beim Besuch der Eltern trat der Gegensatz hervor: Ein athetotischer Junge – eine Form der spastischen Lähmung, bei der Arme und Beine unkontrollierte Bewegungen ausführen – steuerte gewöhnlich seinen Rollstuhl selbst. Er parkte im Andachtssaal da, wo er sitzen wollte und fühlte sich neben seiner Freundin, die auch im Rolli saß, sehr glücklich. Die Mutter kam zu Besuch. Sie schob den Rollstuhl, stellte ihn da ab, wo sie es für richtig hielt. Sie streichelte ihm ständig über den Kopf, drückte seine Hand, suchte den Blickkontakt und wischte ihm den Speichel ab. Seine abwehrende Haltung nahm sie gar nicht wahr! Soviel Freiheit wie möglich, soviel Betreuung wie nötig – das kriegen Familien oft nicht hin, und ihre Kinder mit Behinderung können ihnen nicht wehren oder mehr Freiheit einfordern.

Manche Eltern fühlen sich angeklagt, wenn sie die Tochter mit Behinderung nun schon fortgegeben haben und sie in der Einrichtung doch nicht zufrieden ist. Es ist so unendlich schwer, ein Familienmitglied mit Pflegebedarf in eine entsprechende Wohngemeinschaft oder in ein Heim zu geben! Manchen Familien ist es unmöglich, die „Kontrolle" über Sohn oder Tochter an die Mitarbeiter im Heim abzugeben. Andere halten den Schmerz nicht aus, getrennt zu sein und sich jedes Mal nach einem Besuch wieder trennen zu müssen. Ich habe auch oft miterlebt, wie Eltern, die alt wurden und daher ihre behinderte Tochter/ihren behinderten Sohn nicht mehr zu Hause versorgen konnten, sie/ihn in die Diakonie brachten. Besonders die Menschen mit *Trisomie 21* gerieten völlig außer sich in der neuen, ihnen unbekannten Umgebung. Sie liefen fort, wehrten sich mit allen Mitteln, verweigerten Nahrung und Schlaf. Wie oft brauchten sie Medikamente, um sich am fremden Ort einzugewöhnen! Auch behinderte „alte Bäume soll man nicht verpflanzen"!

Wir sollten immer versuchen, die Sichtweise der/des Behinderten zu ergründen und zu respektieren. Nur so können wir helfen, jedem Menschen seine Autonomie zuzugestehen, soweit er sie leben kann.

Wie lernen Kinder,
was gut und böse ist?

Kindererziehung scheint heute eine schwierigere Aufgabe zu sein als zu früheren Zeiten. Einerseits wird viel davon gesprochen, dass wir das Leben genießen und uns etwas gönnen sollen. Das kann mit Kindern zeitweise schwierig sein, sie fordern uns. Andererseits gibt es äußere Einflüsse – Medien und Internet –, die wir uns bis vor kurzem nicht vorstellen konnten. Wir müssen unsere Kinder lehren, damit umzugehen und sie vor Schädlichem bewahren. Kindererziehung ist schwer, erfordert Verzicht, Anstrengung, Geduld. Aber wohl alle, die trotzdem Kinder großziehen, bekommen wunderbare Freuden aller Art geschenkt. Erziehung ist auch, menschlich gesprochen, die wichtigste Investition in die Zukunft, die wir tätigen können. Der nächsten Generation erfolgreich unsere Werte zu vermitteln und sie auszustatten mit dem, was man nach unserer Erfahrung im Leben braucht, das ist eine zutiefst befriedigende Aufgabe.

Welche Werte wollen wir vermitteln?

Fremdes Eigentum achten

„Kann eigenes und fremdes Eigentum nicht auseinanderhalten" war ein häufiges Symptom bei unseren Patienten in der Klinik für Kinder- und Jugendpsychiatrie und Psychotherapie, in der ich gearbeitet habe. Auf der Station nahmen sie einander CDs oder Matchbox-Autos weg. Bei der Entlassung packte ein Jugendlicher teure Schuhe und Sweatshirts von Mitpatienten ein. Mädchen liehen sich Schminksachen aus und gaben sie nicht zurück. Beim Wochenendbesuch zu Hause ließ ein

Mädchen die mütterliche EC-Karte mitgehen. Wir fanden Flaschen oder Zigaretten im Bett versteckt nach einem Edeka-Einkaufsbummel. In solchen Fällen haben wir gründlich nachgeforscht, um den Diebstahl aufzudecken. Das war oft schwer, denn die Kinder konnten lügen, ohne rot zu werden. Manchmal half der Zufall – die EC-Karte zum Beispiel fiel beim Ausziehen im Bad zur Erde. Wir haben immer sehr viel Wert darauf gelegt, dass sich der Dieb beim Bestohlenen entschuldigte. So ging etwa der Therapeut mit dem Jungen zum Edeka-Marktleiter, der Junge entschuldigte sich, brachte das Gestohlene zurück oder bot Entschädigung an. Und es gab auch eine Strafe, zum Beispiel zwei Tage Ausgangsverbot – sehr gefürchtet! Das Schema lautete also: den Diebstahl zugeben, um Entschuldigung bitten, das Gestohlene zurückgeben oder ersetzen und eine Sanktion aushalten. Wenn wir Eltern Mein und Dein ernstnehmen, prägen wir das auch unseren Kindern früh ein. Die Bibel gibt als Leitlinie das siebte Gebot vor: „Du sollst nicht stehlen" (2. Mose 20,15). Sehen unsere Kinder, dass wir selbst sorgfältig mit fremdem Eigentum umgehen? Dass wir entliehene Bücher, Filme und Werkzeuge zurückgeben? Dass wir kein Material von der Arbeitsstelle (Kugelschreiber, Druckerpapier) mit nach Hause nehmen? Dass wir ehrlich unsere Steuern zahlen? Im Kinderzimmer ist die Frage manchmal nicht leicht zu regeln. Ich denke, es ist wichtig, dass jedes Kind eigene Spielsachen und Bücher besitzt. Die sind ihm geschenkt worden und es bestimmt darüber. Wenn der Bruder damit spielen möchte, muss er fragen, ein Einverständnis mit dem Besitzer muss hergestellt werden. Eine Kleine nahm ein Spielzeug von ihrem Bruder, und als der wütend wurde, sagte sie: „Ich habe es doch nur ausgeliehen!" Gute Antwort, aber auch dann muss man vorher gefragt werden. Mir sind Menschen begegnet, die als Kinder nichts

Eigenes besessen haben. Dort galt der Spruch: „Meine, deine – gibt es nicht." Wie traurig, wenn persönlich geschenkte Dinge in den Allgemeinbesitz übergehen! Wie traurig, wenn mir nichts gehört! Und lernen kann ich dann auch nicht, wie man mit seinem Eigentum schonend umgeht, damit es lange schön bleibt. Wenn ich mich an meinem Besitz freuen kann, lerne ich leichter, mit dem des anderen pfleglich umzugehen. Übergriffe auf fremdes Eigentum werden am besten von Anfang an, sobald ein Kind dies verstehen kann, klar sanktioniert. Das Kind muss wissen, welche Regel gilt.

Die Wahrheit sagen

Wie schwer ist es, wahrhaftig zu sein. Da müssen wir Eltern immer wieder unsere Maßstäbe überprüfen und an der richtigen Stelle eichen. „Du sollst nicht falsches Zeugnis reden" – das achte Gebot, 2. Mose 20,16, ist auch hier die Leitlinie. Wenn Eltern ihren Kindern gegenüber ehrlich sind, ist das eine gute Grundlage dafür, die Wahrheit lieben zu lernen.

Bei der stationären Aufnahme eines Kindes in die Kinderpsychiatrie haben wir immer die Eltern in Gegenwart des Kindes gefragt, warum und mit welcher Zielvorstellung sie das Kinde zu uns brächten. Wenn Eltern das ehrlich aussprechen konnten, war der Behandlungserfolg beim Kind sicherer. Häufig riefen Eltern auf der Klinikstation an und baten uns, dem Kind zu sagen, wenn sie nicht zu Besuch kommen konnten. Auch den – oft vorgeschobenen – Grund sollten wir ihrem Sohn/ihrer Tochter mitteilen, zum Beispiel, das Auto sei kaputt. Wir bestanden aber immer darauf, dass die Eltern dies dem Kind selbst sagten. Wie soll ein Kind lernen, die Wahrheit zu sagen, wenn es mit Ausflüchten und Unwahrheiten abgespeist wird! Kann man zum Beispiel in der Familie ehrlich sagen, wenn einem ein Missgeschick passiert ist? Oder fällt die Strafe so hart aus, dass man es lieber verschweigt? Kann man eine schlechte Schulnote zeigen? Kinder sollten so viel Vertrauen zu ihren Eltern haben, dass sie jeden Fehler, alles Schlimme zu Hause erzählen können, nicht nur das, was ihnen widerfahren ist, sondern auch das, was sie selbst angerichtet haben. Wenn die minderjährige Tochter schwanger ist – wie ist die Reaktion der Eltern?

Ein Student suchte in der Sprechstunde Beratung. Er war schon seit zwei Semestern exmatrikuliert, ohne dass seine Familie es wusste! Er schämte sich zu sehr, das Studium abgebrochen zu haben, und von der Familie konnte er weder Verständnis noch Hilfe erwarten. Manchmal bekommen Kinder unsere „Notlügen" mit. Es ruft jemand an – „Sage ihm, ich bin nicht da!" Oder: „Wie ich mich freue, dich zu sehen!" Dabei wissen die Kinder genau, dass der Papa sich nicht über diesen Besuch freut. Oder: „Das ist aber ein schönes Geschenk!" Und die Kinder wissen, dass Mama so etwas eigentlich gar nicht mag. Es hilft unseren Kindern, wenn wir mit ihnen ehrlich umgehen, ihnen die Wahrheit sagen so wie sie es jeweils in ihrem Alter verstehen können. Vor dem Arztbesuch: „Es tut kurz weh und du musst stillhalten!" Die Mutter ist aber dabei, das hilft.

Märchen und Phantasiegeschichten sind keine Lügen, sondern kunstvoll verpackte allgemeine Lebensweisheiten. Genauso wie die selbstgedachten Rollenspiele helfen sie Kindern, Lebensvorgänge zu verstehen, auszuhalten und zu meistern. Wie machen Weihnachtsmann und Osterhase glücklich und bringen die Kinderwelt zum Leuchten. Dagegen sollten wir notvolle und Besorgnis erregende Probleme nicht unüberlegt vor Kinderohren beraten. Wägen wir genau ab, was sie wissen sollen, was sie verstehen und ertragen können. Wenn es unumgänglich ist, Kindern Ernstes mitzuteilen – vor allem familiäre Notlagen, Trennung und Scheidung oder Krankheit und Tod eines lieben Menschen – dann sollten wir einen Weg finden, die schlimme Wahrheit schützend und tröstend zu vermitteln.

Soziales Verhalten

„Alles, was ihr wollt, das euch die Leute tun sollen, das tut ihr ihnen auch" – die „Goldene Regel" aus Matthäus 7,12 ist für dieses Erziehungsziel die biblische Leitlinie. Von Natur aus sind wir Egoisten, aber wir können lernen, uns so zu verhalten, dass wir gut miteinander auskommen können, ohne dass jemand unterdrückt wird. Kinder müssen also einüben, Rücksicht zu nehmen auf Mitspieler, einem anderen den Vortritt zu lassen, freundlich und höflich zu sein. Soziales Verhalten bedeutet, den anderen aussprechen zu lassen, ihm zuzuhören, Fragen freundlich zu beantworten. Es bedeutet, etwas zu zeigen, zu erklären, ihm/ihr zu helfen oder Hilfe zu holen, wenn nötig, zu trösten. Es bedeutet, miteinander zu spielen, aufzuräumen, zu arbeiten. Soziales Verhalten erlernen Kinder in der Geborgenheit der Familie. Glücklich die Kinder, die Geschwister im Kinderzimmer haben oder auf andere Kinder treffen, wenn sie zum Spielen nach draußen gehen. Geschwister untereinander kämpfen naturgemäß um die Liebe der Eltern. Jedes Kind möchte die Eltern am liebsten ganz für sich haben und sie nicht mit „Konkurrenten" teilen. Jemand sagte: „Was wir ‚Geschwisterrivalität' nennen, ist der psychologische Lernort für die Fähigkeit, eigene Interessen zu verfolgen und gleichzeitig konkurrierende Interessen zu respektieren, Zuwendung und Liebe der Eltern teilen zu können, also Kompromisse zu schließen." In Ein-Kind-Familien kann ein Kind dieses Verhalten nicht üben. Wir wissen alle, dass dies ein Nachteil sein kann. Das Einzelkind kann nicht verlieren lernen, wenn die Erwachsenen zu Hause es immer gewinnen lassen. Sie sind nicht gewöhnt zu warten und zu teilen, zu schenken oder zu verzichten. So früh wie möglich mit Gleichaltrigen Kontakt haben – das trainiert soziales Verhalten. Beim Kleinkind, etwa ab eineinhalb Jahren, sind es einzelne Stunden in der Woche. Ab dem Alter von drei Jahren, wenn das Gehirn in etwa fertig entwickelt ist, spielt das Kind schon gern einige Stunden täglich mit anderen Kindern im Kindergarten.

Eltern geben unentwegt ein Vorbild ab für soziales Verhalten. Sie sorgen füreinander und für die Kinder. Sie achten einander, gehen rücksichtsvoll miteinander um. Sie versuchen, sich gegenseitig zu helfen. Sie zeigen einander ihre Liebe und Wertschätzung mit Blicken, Worten, lieb geschriebenen Zettelchen, Blumen und dem Lieblingsessen. Die Haushaltsarbeiten sind gerecht auf alle verteilt. Der Vater zeigt soziales Verhalten, indem er sich Zeit nimmt für seine Frau, seine Tochter, seinen Sohn. Die Mutter zeigt Sozialverhalten, indem sie geduldig zuhört und die Anweisungen immer und immer wiederholt, die fürs Leben wichtig sind: „Wasch dir bitte die Hände, räum dein Zimmer auf, deck den Tisch ab, putz die Zähne." Dabei bleibt sie freundlich und sorgsam. Kinder werden sozial verträgliche Menschen, wenn sie daran gewöhnt werden, sich einzufügen in die familiäre Ordnung, Verantwortung für Familie und Haushalt mitzutragen, Dienste zu erfüllen, ob sie dazu Lust haben oder nicht. Auf solche Frühprägungen und Vorerfahrungen in der eigenen Familie können dann Kindergarten und Schule aufbauen. Solche Kinder bringen Selbstbewusstsein mit, haben Freunde und stützen später eine Gruppe.

Wie schafft man das: Wertevermittlung?

Dazu braucht es Geborgenheit für die Eltern. Wo sind die Eltern geborgen? In der Kinder- und Jugendpsychiatrie hatten wir es oft mit ungeborgenen Eltern zu tun. Sie trugen selbst traurige, schmerzhafte Kindheitserfahrungen mit sich herum und konnten ihren Kindern keine seelische Sicherheit geben. Trotz aller schlimmen eigenen Erfahrungen können Eltern aber doch geborgen sein. Man kann es lernen, Kinder zu erziehen.

Geborgen im Glauben

Was die Eltern glauben, erfahren die Kinder mit und ohne Worte. Sie spüren genau, ob der Glaube ihren Eltern wichtig ist und ihnen etwas bringt oder ob er sich nicht lohnt. Ich glaube an Jesus Christus, den Sohn Gottes. Er hat meine Sünden durch seinen Tod bezahlt. Er lebt jetzt im Himmel und regiert. Er hat immer Zeit für mich und hört, wenn ich ihm etwas sage. Er hat die Macht, mich nach seinem Willen durch mein ganzes Leben zu führen. Wenn ich sterbe, lande ich bei ihm. Ein solcher Glaube gibt Geborgenheit. Und er ist zu haben für jeden! Gott hört es, wenn Sie ihm sagen, dass Sie ihm gehören möchten. Wenn Eltern glauben, haben sie eine feste Basis für alle zu treffenden Entscheidungen. Man kann Gott fragen und seine Hilfe in Anspruch nehmen. Er vergibt unsere Erziehungsfehler, er schenkt die Geduld für jeden Tag. Er entspannt uns, weil wir ihm die Sorgen abgeben können. Er macht weise für die vielen Fragen in der Kindererziehung. Er hilft uns dazu, uns gegenseitig zu vergeben.

Geborgen in der Treue des Partners

Wenn Mann und Frau sich aufeinander verlassen können, gibt das Geborgenheit, auch für die Kinder. Man lebt leichter, wenn man sich vom anderen akzeptiert und geachtet weiß. Dazu muss man den anderen nicht bis in die feinste Herzensregung hinein verstehen – ich weiß nicht, ob das zwischen Mann und Frau überhaupt möglich ist, wir sind doch sehr verschieden! Man muss manchmal stehen lassen, was man nicht versteht oder auch, was einem nicht gefällt; nicht alles lässt sich ändern. Immer wieder hat man einander zu vergeben. Aber man kann sich aufeinander verlassen. Die grundsätzliche Wertschätzung schafft Geborgenheit. Alleinerziehende Eltern kennen diese Geborgenheit oft nicht. Sie haben keine Entlastung durch den Ehepartner. Sie können mit niemandem die Freuden teilen, sich nicht gemeinsam über kleine Fortschritte, liebevolle und lustige Äußerungen der Kinder freuen. Sie können ihre Erschöpfung, ihre Sorge nicht an einen liebenden, mittragenden Ehepartner abgeben. Sie brauchen jede Hilfe von der Familie und von Freunden!

Geborgen in der Herkunftsfamilie und bei Freunden
Hilfe für die Erziehung kommt manchmal auch aus der Erinnerung, wie Mutter und Vater es bei uns gemacht haben. Dieselben Abendlieder und Gebete, derselbe Strauß mit Osterschmuck, dieselbe Zeremonie am Heiligabend, dieselben Spiele beim Kindergeburtstag. Neulich rief mein Sohn an und fragte: Wie geht das noch „Ringlein, Ringlein du musst wandern"? Und wie war das mit dem Mehlkuchen, aus dem der Letzte mit den Lippen einen Ring herausholen muss? Er hatte mit seinem Sohn Kindergeburtstag zu feiern. So altmodische Spiele! Aber sie hätten viel Spaß damit gehabt, sagte er hinterher. Ein gutes Verhältnis zu den Großeltern, bei denen man Rat holen kann, hilft bei der Erziehung. Wenn allerdings die Stimmung zwischen den Generationen nicht gut ist, die Erziehungsstile gegensätzlich sind, der Partner von den Eltern

abgelehnt wird oder diese sich ungefragt einmischen – dann ist räumliche Trennung angesagt, damit die Geborgenheit der neuen jüngeren Familie nicht bedroht wird.

Befreundete Familien können einander sehr viel Geborgenheit schenken. Man trifft sich zu Unternehmungen, man kann Schwierigkeiten erzählen und wird verstanden. Man kann sich ausheulen und wird von der Freundin getröstet. Man verschafft einander Freiräume, mal hütet der eine alle Kinder, mal der andere. Man muss kein perfektes Bild abgeben, weil alle ähnliche Probleme haben mit ihren Kindern. So können Eltern in Familie, Freundeskreis oder Nachbarschaft geborgen sein. Hilfsquellen brauchen wir, denn es kostet Kraft, den Kindern durch Vorbild und Anleitung zu vermitteln, was gut und böse ist.

Geeignete Methoden
(1) Konsequenz

Vorab: „Dann wirst du in den Keller gesperrt!" „Dann kommt der schwarze Mann!" „Gott sieht alles, der straft dich dann!" Ich habe Erwachsene in Behandlung, die noch immer unter der Wirkmacht solcher Sätze stehen, Angst haben oder an einer Zwangserkrankung leiden. Die Sätze fallen unter „Schwarze Pädagogik" und sind ein *No Go*. Hier werden keine greifbaren angemessenen Konsequenzen, sondern angsteinflößende Strafen in Aussicht gestellt, was Kindern nur schadet! Davon will ich hier nicht weiter schreiben, sondern von etwas anderem: von Konsequenz als einer unterschätzten Erziehungsmethode. Konsequenz bedeutet, dass ich halte, was ich verspreche, und durchführe, was ich androhe, oder, anders herum, dass ich nur verspreche und androhe, was ich auch halte und durchführe. Man spricht heute von „logischen Folgen".

Ein Beispiel: Kinder wurden aufgefordert, ihre Schlitten abends in den Keller zu bringen. Karl weigerte sich. Am nächsten Tag ging der Vater mit den Kindern Schlittenfahren. Karl fand seinen Schlitten nicht. Er konnte nicht mitgehen! Schlimm, logisch, einsichtig, einprägsam – er hat bestimmt seinen Schlitten von da an weggeräumt. Oder: Eine Mutter beklagte sich bei unserem Klinik-Psychologen darüber, dass der Sohn immer sehr verspätet zum Essen komme. „Wann essen Sie?" „Um 18.00 Uhr." „Wie lange bleibt der Tisch gedeckt?" „Bis der Sohn irgendwann kommt." „Sagen Sie ihm doch, der Tisch bleibe bis 18.30 Uhr gedeckt, danach gebe es nichts mehr!" Beim Kontrolltermin erzählte die Mutter, sie habe es ihrem Sohn so angekündigt, wie geraten, und auch tatsächlich den Tisch um 18.30 Uhr abgeräumt. Als der Sohn um 19.00 Uhr nach Hause gekommen sei, habe er sich sehr gewundert, dass es nichts mehr zu essen gab. Seine Mutter habe ihm geantwortet: „Ich habe es dir doch gesagt!" „Ach so, du meinst, was du sagst!" Der Erfolg war groß, Pünktlichkeit beim Essen hinfort kein Streitthema mehr. Aber auch umgekehrt gilt: Versprechen muss man halten! Wenn der Vater einen Wochenendausflug verspricht, muss der stattfinden, sonst werden die Kinder traurig und glauben ihrem Papa bald nicht mehr. Ob es ein guter Grund war, der ihn abhielt, ist für Kinder dabei kaum von Bedeutung.

Bei Beratungsgesprächen habe ich immer wieder den Unterschied zwischen Konsequenz und Strenge erklärt. Wir nehmen das Bild der Brücke, die vom Kinder- ins Erwachsenenland führt (siehe Buchanfang). Für Konsequenz stehen die beiden Brückengeländer, die einerseits vorm Hinunterstürzen bewahren, andererseits Grenzen bilden: Bis hierher geht's und nicht weiter. Strenge bedeutet, dass die Brücke sehr schmal ist, dass in der Familie vieles verboten wird, dass die Kinder wenig Spielraum, Spielzeug und Spielzeit haben. Wir sollten immer wieder überlegen, ob wir den Kindern nicht doch noch etwas mehr erlauben könnten. Das ist schwer, wenn man selbst sehr streng und mit vielen Pflichten erzogen wurde und das Heute damit vergleicht. Was doch die Kinder heute alles dürfen und haben, wovon ich nur träumen konnte! Ja, aber die Zeiten ändern sich und es ist schön, wenn wir unseren Kindern so viel Freude wie möglich in ihr Leben hineingeben können. Also: In unserer Familie ist die Brücke behaglich breit, aber die Geländer bleiben: Was wir gesagt haben, gilt. Seien Sie nicht streng, aber bleiben Sie konsequent. Das macht Kinder selbstbewusst. Sie kennen dann die Regeln und können ihren Spielraum einschätzen und genießen.

(2) Miteinander reden

Miteinander zu reden – das will ich Ihnen zuletzt als wichtige Erziehungsmethode herausstellen. Nur auf den ersten Blick könnte es überflüssig scheinen, darüber zu schreiben. Ich spreche mit vielen Leuten, die im Beruf und am Arbeitsplatz selbstverständlich alles besprechen, hingegen mit dem Ehepartner und den Kindern nur das Nötigste! Neulich hörte ich von einem Mann eine erschütternde Geschichte. Er war in einer christlichen Familie aufgewachsen. In seiner Jugend war er – zusammen mit anderen – jede Nacht losgezogen, um Zigarettenautomaten aufzubrechen. Der Schlafmangel beeinträchtigte seine Gesundheit. Seine Eltern machten sich Sorgen. Sie wussten ja nicht, dass er nachts nicht schlief. Sie ließen ihm ärztliche Untersuchungen, schulfreie Tage und Vitamine zukommen. Er sagte zu mir: „Wenn sie doch mit mir geredet, anstatt mich nur versorgt hätten!" Bleiben Sie im Gespräch mit

Ihren Kindern. Interessieren Sie sich, besonders auch die Väter, dafür, wie es Ihrem Kind geht. Sind Sie auf dem Laufenden, welche Schulfächer es gut kann oder mag, welche ihm schwerfallen? Wie die Lehrer heißen? Wie viel Anstrengung verwendet Ihr Kind auf die Hausaufgaben? Die Gespräche kann man oft nicht planen. Gelegenheiten sind gemeinsame Mahlzeiten oder die Abendstunde. Beim Zubettbringen fangen manchmal wichtige Gespräche an. Und wenn man miteinander wandert oder baut oder ein Lagerfeuer anzündet, kommt man auch leicht ins Reden und das macht wirklich große Freude!

Dürfen wir Kinder bevorzugen?

Joseph, das alttestamentliche Lieblingskind

Schauen wir uns die alttestamentliche Geschichte des Joseph an. Seine Mutter Rahel, eine der vier Frauen des Stammvaters Jakob, konnte es fast nicht mehr aushalten, kinderlos zu sein. Ihre ältere Schwester Lea hatte dem Jakob schon sechs Söhne und eine Tochter geboren. Rahels und Leas Dienerinnen hatten jeweils zwei Söhne. Rahel, Jakobs Lieblingsfrau, war immer noch ohne Kind! Davon wird erzählt im neunundzwanzigsten und dreißigsten Kapitel des ersten Mose-Buches.

Da erhörte Gott endlich ihre Gebete und Joseph kam zur Welt. Er war das zwölfte Kind und wurde das Lieblingskind seines Vaters, „weil er ihn in seinem Alter gezeugt hatte." (1. Mose 30,22–24) „Israel (der spätere Name für Jakob) aber hatte Joseph lieber denn alle seine Kinder, darum dass er ihn im Alter gezeugt hatte" (1. Mose 37,3). Diese Begründung ist nicht einfach zu verstehen, wenn man bedenkt, dass Joseph bald einen jüngeren Bruder bekam, den der Vater also in noch höherem Alter zeugte. Die Begründung, dass Joseph das erste Kind der Lieblingsfrau war, wäre einsichtiger, oder, ganz anders, dass Jakob seine einzige Tochter Dina – ein Mädchen unter zwölf Buben – vorgezogen hätte. Aber so war es nicht. Joseph war sein Lieblingskind. Und das merkten auch alle deutlich. Zum Beispiel bekam er ein T-Shirt, wie es sonst keiner dort auf dem Land hatte. Es war mehr eine Art Kleid, ein vielfarbiger Rock mit langen Ärmeln. Wenn Joseph damit herumging, sagte er ohne Worte jedem, der ihn sah: „Ich bin etwas Besonderes!" Natürlich konnte er in solch einem Sonntagsgewand auch nicht arbeiten.

Lieblingskinder in heutiger Zeit

In meiner Sprechstunde habe ich viele Familien kennengelernt, in denen es ein Lieblingskind gab. Eine Mutter berichtete: „Mein Erster war so anstrengend. Mit dem Kleinen dagegen ist die Sonne in unsere Familie gekommen, jeder liebt ihn sofort." Oder: „Meine Tochter ist wunderbar, wir lieben sie alle so sehr. Der Junge dagegen ist genau wie mein geschiedener Mann, ich sehe jetzt schon all dessen Fehler an ihm." Oder: „Endlich ein Junge, vorher zwei Mädchen, wir dachten schon, das wird gar nichts mehr ..." Bekannt geworden ist mir auch eine – christliche – Familie, in der die ältere Tochter, vor der Heirat gezeugt, niemals die Zuneigung erringen konnte, die ihre Schwester erhielt, die als Wunschkind geboren wurde; den Eltern war es nicht einmal bewusst, wie sehr sie die eine Tochter ablehnten und die andere hofierten. Und auch in meiner Herkunftsfamilie gab es das: Meine Eltern hätten es niemals ausgesprochen, aber wir Geschwister haben immer wieder gespürt, dass unser Bruder das Lieblingskind war: der „Goldsohn", „hochbegabt und musikalisch" wie sonst keiner, und wie wunderbar er Auto fuhr! In erschütternder Weise schildert der Film *Kronprinz Rudolf* (Robert Dornhelm, 2006) den Lieblingskind-Stoff. Der Vater des Kronprinzen demütigt ihn nur. Die Mutter liebt die jüngere Schwester auf das zärtlichste, den Sohn hält sie kühl und förmlich auf Abstand. Sicherlich auch aus diesem Grund wählt Rudolf den Freitod, gemeinsam mit seiner Geliebten.

Aus den verschiedensten Gründen wird ein Kind in einer Geschwisterreihe zum bevorzugten, besonders geliebten Kind, vielleicht auch, weil es spät gezeugt wurde wie Joseph. Alle Liebe geben die Eltern und Großeltern diesem Kind. So wie Joseph ein Traumgewand erhielt, geht es auch anderen Lieblingskindern: Sie bekommen die Super-Babyausstattung, das schönste Jugendzimmer, Kleidung und Schuhe vom Feinsten. Unser Lieblingskind darf sich wünschen, was es will. Es wird angehört. Es wird mehr beachtet, mehr gefragt, mehr gelobt. Der Vater nimmt sich für dieses Kind mehr Zeit, als für die Geschwister. Ich habe einmal ein Gemälde gesehen, das zwei Kinder aus gutem Hause zeigt. Sie sind Brüder, wie die Bildunterschrift sagt. Eins ist standesgemäß nach damaliger Mode gekleidet, vom Spitzenkragen bis zu den feinen Lederschühchen. Der Bruder trägt ein einfaches rotes Hemdchen und man sieht seine nackten Füße. Die beiden schauen ein Bilderbuch an, das der gut gekleidete Bruder auf dem Schoß hält. Er schaut allerdings nicht hinein, sondern nach links vorn, in die Richtung, aus der das Licht kommt. Der andere Bruder scheint in das Buch vertieft zu sein. So unterschiedlich die Brüder schon gekleidet sind, ist doch am auffälligsten die Verteilung der Helligkeit auf dem Gemälde: Der bevorzugte Bruder erscheint ganz im Licht, der andere sitzt im Schatten. Von der Geschichte dieser Familie weiß ich nichts. Aber dass diese Kinder ungleich behandelt wurden, ist ersichtlich.

Lieblingskinder „zwischen den Generationen"

Der Bericht über Joseph geht weiter in 1. Mose 37,2: „Joseph war siebzehn Jahre alt und hütete mit seinen Brüdern die Schafe; er war Gehilfe bei den Söhnen Bilhas und Silpas, den Frauen seines Vaters, und er hinterbrachte ihrem Vater ihre üble Nachrede." Das heißt: Joseph hörte bei den Knechten und Mägden mit, was über seine Brüder geschimpft wurde, und berichtete das brühwarm seinem Vater. So war der Vater immer über das Treiben seiner anderen Söhne informiert. Dasselbe wird in Vers 14 nochmals erwähnt: „Da sprach Israel zu Joseph: Geh hin und sieh, ob's gut steht um deine Brüder und um das Vieh, und sage mir dann, wie sich's verhält. Und er sandte ihn aus dem Tal von Hebron, und er kam nach Sichem." Das Lieblingskind wird hier vom Vater benutzt, um die übrigen Familienmitglieder auszuspionieren. Was sie miteinander, vielleicht über den Vater und nicht anwesende Brüder reden, ob sie das Vieh gut hüten – alles kundschaftet der Lieblingssohn aus und hinterbringt es dem Vater.

Lieblingskinder halten es für ihr Recht und manchmal auch für ihre Pflicht, die Geschwister bei den Eltern zu verpetzen. In manchen Familien werden sie dafür gelobt oder sogar dazu angehalten. Sie merken genau, wie die Mama zustimmt, wenn sie wieder etwas Schlechtes über den Bruder melden. Ich kannte

eine Mutter, die sich bei der Lieblingstochter über deren „miss-
ratene" Schwester beklagte. Stellen Sie sich vor, da spricht eine
Mutter mit der einen Tochter schlecht über die andere! In
der Klinik gab es immer wieder Patienten, die es für selbstverständlich hielten, Regelverstöße der anderen zu „melden".
Aber wir hatten einen allseits geltenden Grundsatz: „Petzen
bringt nichts." Reden über andere wurde von den Erziehern
nicht akzeptiert. Lieblingspatienten, auf die die Erwachsenen
gehört hätten, gab es nicht.

Auch in Schulklassen ist es besser, wenn Lehrer möglichst keine Lieblingskinder haben, die über ihre Mitschüler „wachen".
In einem Kinderhort sollte ich zum Thema *Aggressionen* beraten. Die Kinder stritten sich dort häufig und die Erzieherinnen
konnten keine Ruhe in die Gruppe bringen. Im Gespräch stellte
sich heraus, dass die Hortleitung unmerklich ein Mädchen zur
Hilfserzieherin herangezogen hatte. Niemand verstand es, als
ich zu erklären versuchte, dass das eine Schieflage bildete. Die
Zuträgerin befand sich gleichzeitig auf zwei Ebenen, der der
Kinder und der der Erwachsenen. Das Mädchen sei doch so
zuverlässig, passe auf alles auf und melde sofort, wenn ein Kind
etwas anstelle, wurde argumentiert. Ich erklärte, dass ein Kind,
welches – halb – auf die Erzieher-Ebene wechselt, von den anderen Kindern argwöhnisch beobachtet wird, Entspannung
und Vertrauen verhindert und chronischen Streit verursacht.

Joseph, der Träumer und Traumdeuter

In der Josephs-Geschichte trat ein gravierendes Ereignis hinzu. Joseph hatte zwei Träume, in denen seine Eltern und seine
Brüder sich vor ihm verneigten, und er erzählte ihnen diese

Träume. Klar, dass jetzt der Ärger und Hass der Brüder keine Grenzen mehr kannte! Bei nächster Gelegenheit schafften sie ihn fort, verkauften ihn an durchreisende Händler für zwanzig Silberstücke. Daraus kann man übrigens ersehen, dass er noch keine zwanzig Jahre alt war, sonst hätten sie 50 Silberstücke für ihn bekommen (3. Mose 27,3–5). Es wird den Brüdern egal gewesen sein – Hauptsache, sie waren ihn für immer los, diesen Angeber. Die Beschreibung ist sehr realistisch. Geschwister wünschen das Lieblingskind der Eltern auf den Mond, wenn sie auch selten so rabiat vorgehen wie Josephs Brüder. Geschwisterlicher Zusammenhalt oder gar Liebe können nicht entstehen, wenn die Eltern ein Kind vorziehen oder auch, wenn Vater und Mutter jeweils ihr Lieblingskind haben. Der weitere Lebensweg von Lieblingskindern kann sehr unterschiedlich sein. Wenn sie die Bewunderung ihrer Mitmenschen brauchen und sich etwas darauf einbilden, leiden sie als Erwachsene schwer, falls sie unter ganz anderen Umständen leben und niemand mehr etwas Besonderes in ihnen sieht. Wenn es aber gelingt, dass sie trotz der elterlichen Bevorzugung bescheiden bleiben, dann können sie solch ein sonniges, selbstbewusstes, in sich ruhendes Wesen von zu Hause ins Leben mitbringen, sodass man sie überall gern hat. Mit ihrer guten seelischen Ausstattung kommen sie leichter durchs Leben als die, die immer um Anerkennung kämpfen mussten.

Gott brauchte Jahre, um Joseph so zu erziehen, dass er ein gerechter und hilfsbereiter Herrscher werden konnte. Herrschen hatte er zu Hause gelernt, aber demütig wurde er erst durch Demütigungen: Nachdem er als Sklave verkauft worden war, bezichtigte seine Herrin ihn eines Seitensprungs, den sie selbst gewünscht und den er verweigert hatte. Dafür wanderte er auf unbestimmte Zeit ins Gefängnis. Seine Hoffnung freizukommen flackerte auf, als er zwei prominenten Mitgefangenen ihre Träume richtig deutete. Wir lesen in 1. Mose 40,1-23, dass Pharaos Bäcker und Mundschenk, gemeinsam mit Joseph im Gefängnis, Träume hatten, die sie Joseph erzählten. Leider musste Joseph dem Bäcker seine Exekution voraussagen. Auch die Traumdeutung für den anderen Mitgefangenen stimmte: Er kam wieder zu Ehren an der Tafel des Pharao. Aber der glücklich vorzeitig entlassene Sommelier vergaß den Traumdeuter im Gefängnis. Das kostete Joseph noch einmal zwei Jahre. Dann hatte Pharao selbst einen Traum und nun fiel dem Kellermeister sein Zellengenosse im Gefängnis wieder ein. Man ließ Joseph so schnell wie möglich herausholen, und nach der richtigen Traumdeutung für Pharao begann Josephs steile Karriere zum zweiten Herrscher im Lande (1. Mose 41,1-45). Wie lange insgesamt die göttliche Schulung für Joseph dauerte, kann man dem Text nicht genau entnehmen. Lang und hart war sie jedenfalls! Gott braucht, denke ich, gerade bei Lieblingskindern länger, bis sie für ihn passend geworden sind. Er wünscht nämlich, dass sie nicht mehr auf die eigene Bedeutung und Wirkung schielen, sondern ihm rückhaltlos vertrauen.

Die zurückgesetzten Geschwister

Und die Geschwister der Lieblingskinder? Eine junge Frau erzählte mir, dass ihr Vater immer nur Zeit gehabt habe für ihre große Schwester. Sie selbst habe viel geweint deswegen, aber der Vater habe nichts gemerkt. Er habe ihr einmal versprochen, im Urlaub eine Tagestour zu Viert zu machen – aber dann habe er nur die Schwester mitgenommen und sie zu Hause gelassen! Obwohl die Sache schon zehn Jahre zurücklag, weinte sie sehr, als sie mir dies erzählte. In einer anderen Familie wurde die benachteiligte Schwester immer wüster und aggressiver, besonders mit Beginn der Pubertät. Sie tat nichts mehr, was den Eltern gefallen hätte. Sie kleidete sich geschmacklos und nachlässig, schminkte sich grell und trug auffälligen Schmuck, lernte nicht mehr für die Schule, hatte früh einen Freund, probierte Drogen aus und setzte keinen Fuß mehr in die Gemeinde. Ihre Mutter suchte Rat bei mir, konnte ihn dann aber nicht annehmen. Dass die eine Tochter gut war und die andere schlecht, hielt sie für gottgegeben. Dass sie selbst, ihr Mann und vor allem die Großeltern der jüngeren Tochter nie dieselbe Liebe und Wertschätzung geschenkt hatten wie der großen Schwester und dadurch schuld waren an deren unangepasstem Verhalten, wollte sie nicht sehen. Die Tochter sollte sich ändern, Buße tun und lieb sein, sonst nichts! Gott hat diese benachteiligte Tochter liebevoll geführt. Sie lebt ein erfülltes Leben. Aber die Haltung zu Eltern und Großeltern bleibt distanziert, zu ihrer Schwester hat sie keinen Kontakt. Vergebung und Versöhnung sind möglich, aber Eltern tragen eine große Verantwortung dafür, wie ihre Kinder miteinander umgehen. Das Erbe muss ja eines Tages auch noch geteilt werden, und dann kann der alte Ärger wieder aufbrechen!

Joseph war durch Gottes Lebensschulung so verändert worden, dass er aus ehrlichem Herzen seinen Brüdern zusicherte, er werde sich nicht für seine Versklavung an ihnen rächen (1. Mose 50,19–21). Und er hat es auch nicht getan. Mit Gottes Hilfe ist ein solcher Ausgang möglich. Weit über diese Betrachtung von Joseph als Lieblingskind geht die Tatsache hinaus, dass Joseph ein Vorläufer von Jesus ist, dem geliebten einzigen Sohn unseres himmlischen Vaters. Wie tief hinunter ist Jesus freiwillig für uns gegangen, um ewig unser wunderbarer König zu sein!

Und noch etwas ganz
Schönes zum Schluss

Gott hat keine Lieblingskinder! Wir alle sind ihm gleich wichtig! Wer immer ihn bittet: „Jesus, komm in mein Leben", den hört er und kommt sofort. Er vergibt jedem seine Sünden, der das wünscht. Er teilt Frieden aus an alle, die sich danach sehnen. Er hat einen Lebensplan für jeden!

Wie kommen unsere Kinder
durch die Pubertät?

Nun möchte ich über die Zeit im Leben sprechen, in der die meisten körperlichen, geistigen, geistlichen und seelischen Veränderungen stattfinden. So viele Chancen wie in der Pubertät hat der Mensch nie wieder. Aber auch in keiner Zeit ist das Risiko größer, gutes Altes über den Haufen zu werfen und ungeprüft weniger Gutes zu übernehmen. Zur Einstimmung:

„Die jungen Leute sind heftig in ihrem Begehren. Von den leiblichen Begierden sind es vorzugsweise die des Liebesgenusses, denen sie nachgehen, und in diesem Punkte sind sie ohne alle Selbstbeherrschung. [...] Die Jugend liebt den Luxus. Sie hat schlechte Manieren, verachtet die Autorität, hat keinen Respekt vor älteren Leuten, plaudert, wo sie arbeiten sollte. Die Jungen stehen nicht mehr auf, wenn Ältere das Zimmer betreten, sie widersprechen ihren Eltern [...], verschlingen die Speise [...] und tyrannisieren ihre Eltern." (*Aristoteles, Philosoph, 384–322 v.Chr.*)

„Der grenzenlose Mutwille der Jugend sei uns ein Zeichen, dass der Weltuntergang nah' bevorstände" (*Philipp Melanchthon, Reformator, 1497–1570*).

Die Pubertät: Das ist die uns allen bekannte Übergangszeit vom Kind zur jungen Frau, zum jungen Mann. Sie dauert längstens zehn Jahre, beginnt heute oft schon mit zehn oder elf Jahren. Man kann diese Zeit unterteilen in einen Abschnitt, in dem die körperliche Reifung im Vordergrund steht. Das ist die eigentliche Pubertät. Sie dauert etwa bis zum neunzehnten Lebensjahr. Danach folgt der zweite Abschnitt, der mehr die seelische Reifung beinhaltet: die Adoleszenz.

Identitätskrise

Beschreibung

Heranwachsende betrachten und beobachten ihre Physiognomie, ihre Mimik, den Körper- und Haarwuchs. Sie probieren ihren Gang aus, testen verschiedene Mitbewegungen. Sie nehmen ihren Körpergeruch wahr. Sie durchleben kurze Phasen, in denen der eigene Körper ihnen fremdartig und beunruhigend erscheint. Sie „bewerten" sich, vergleichen sich mit anderen, beginnen sich zu pflegen. Die Selbsteinschätzung schwankt zwischen Dysmorphophobie und narzisstischer Selbstüberschätzung. Auf der einen Seite fürchtet sie/er, missgebildet zu sein, zum Beispiel „Diese Oberschenkel – furchtbar!" „Meine Nase – geht gar nicht!" Auf der anderen Seite bewundert sie/er sich selbst als die Schönste, den bestaussehenden jungen Mann. Narziss, ein Knabe aus der griechischen Sage, war so bewundernd in sein Spiegelbild versunken, das auf dem Wasser des Flusses schimmerte, dass er selbst hineinfiel und ertrank.

Wer bin ich? Der Jugendliche betrachtet sich im Spiegel, malt Selbstporträts, verschickt *Selfies*. Er beginnt, Tagebuch zu schreiben, Familienstammbäume zu erforschen. Es tauchen Fragen auf: „Seid ihr meine Eltern, bin ich euer Kind?" „Bin ich vielleicht vertauscht worden in der Geburtsklinik?" In dieser Zeit möchten adoptierte Kinder ihre leiblichen Eltern unbedingt kennenlernen. In der Sprechstunde habe ich vielfach erfahren, dass Jugendliche erleben, dann wieder nicht gewollt zu werden. Der leibliche Vater lässt sich nicht finden und die leibliche Mutter zeigt auch jetzt kein Interesse an ihrer Tochter oder ihrem Sohn. Dieses Erlebnis ist eine erneute Verletzung für Jugendliche und bleibt manchmal eine schwere Lebenslast.

Ganz neu hinzu kommt die Sexualität. Die Ausschüttung der weiblichen beziehungsweise männlichen Sexualhormone bringt die Pubertät ins Rollen. Sexualität ist denn auch *das* Thema, sie steht im Zentrum des Selbsterlebens des Jugendlichen. Die erste Monatsregel, der erste Samenerguss markieren den Beginn eines neuen Lebensabschnitts. Mädchen fangen an zu flirten und männliche Bezugspersonen zu bezirzen. Es gibt fiebrige Anzeichen der Jugendliebe – man sollte das nicht auslachen! Laut Befragungen schaffen es Heranwachsende immer wieder, dem Druck, Sex zu haben, zu widerstehen. Sie halten Liebe und eine stabile emotionale Bindung für wichtig als Grundlage der Sexualität, erwarten Treue in der Ehe. Homosexuelle Versuche gibt es als Durchgangsphase bei einem knappen Drittel der Jungen, viel seltener bei Mädchen. Wirklich homosexuell empfindende Menschen gibt es erheblich viel seltener, als uns das die Medien heute glauben machen wollen.

Abwehr- und Bewältigungsstrategien

Die durch alle diese Fragen wachsende Unruhe führt zu Leerlaufaktivitäten. Unsere Jugendlichen hängen Tagträumen nach, kehren spät heim, bummeln in der Stadt herum. Sie werden von einem Bewegungs- und Reisetrieb ergriffen. Dabei geht es weniger um Bildung, als darum, unterwegs zu sein, Neues, Fremdes zu sehen und interessante Leute zu treffen. Manche Jugendlichen grenzen sich aber auch emotional ab und isolieren sich. Sie reagieren zynisch und sprechen so leise, dass man sie kaum verstehen kann. Andere senken die eigenen Ansprüche, tragen immer dieselben Kleidungsstücke, essen sehr einfach, reduzieren die Zimmereinrichtung. Wieder andere zeigen Fluchtverhalten: Sie schieben Prüfungsvorbereitungen auf, schicken Bewerbungen nicht ab, sind unentschlossen und an wichtigen Terminen krank. Andere helfen sich mit rechtfertigender Rationalisierung: „Ich bin brillant und schneide nur wegen des falschen Prüfungssystems bei Prüfungen schlecht ab." Jenseits dieser genannten „gewöhnlichen" Abwehr- und Bewältigungsstrategien gibt es solche, die Krankheitswert haben und behandlungsbedürftig sind; zwei will ich im Folgenden schildern.

(1) Depression und Suizidalität

Die neue Verantwortung des beginnenden Erwachsenseins und die Schwierigkeiten im Bereich der Sexualität führen bei Jugendlichen manchmal zu einer Depression. Die Heranwachsenden zeigen dann ein Verhalten, das Unglück und Elend widerspiegelt und dabei dauerhafter ist als der gewöhnliche Blues. Ess- und Schlafgewohnheiten ändern sich markant. Es gibt Gefühle der Hilflosigkeit, Hoffnungslosigkeit und Abneigung gegen sich selbst. Oft zeigt sich eine Unfähigkeit, sich zu konzentrieren und überhaupt irgendetwas anzufangen. Es werden plötzlich Freundschaften aufgegeben oder nicht mehr gepflegt, Schularbeiten vernachlässigt. Das alles sind auch normale pubertäre „Störungen". Aber wenn die Eltern ihr Kind gut kennen, fällt ihnen die Veränderung auf. Gefährlich wird es, wenn Selbsttötungsgedanken geäußert werden. Solche Äußerungen muss man immer ernst nehmen. Suizidversuche kommen am häufigsten in der Jugendzeit, zwischen fünfzehn und neunzehn Jahren vor, häufiger bei Mädchen als bei Jungen. Ursächlich sein können ständige Streitereien zwischen den Eltern, denn eine Atmosphäre chronischen Unfriedens in der Familie ist unerträglich. Oder die/der Jugendliche findet keine Ausbildungs- oder Arbeitsstelle oder fühlt sich sonst unbeachtet, ungeliebt, abgelehnt oder einsam. Eine Depression muss kinder- und jugendpsychiatrisch untersucht und behandelt werden.

(2) Anorexie und Bulimie

Die neue Wahrnehmung des eigenen Körpers führt bei Jugendlichen, die seelische Verletzungen, Misshandlung und Missbrauch hinter sich haben, dazu, dass sie rigoros mit ihrem Körper umgehen. Mit dem Erwachen der eigenen Sexualität empfinden sie sich beschmutzt, wenn ihnen frühere Erlebnisse bewusst werden. Oder sie finden sich zu dick und beginnen, an Gewicht abzunehmen. So entwickeln sich Essstörungen, die schnell zur Sucht werden: Magersucht und Ess-Brechsucht. Das Mädchen hungert entweder bis zur völligen Abmagerung oder hat regelmäßig Fressattacken. Da wird der Kühlschrank leergegessen, Essbares aus dem Mülleimer herausgesucht, unglaublich viel Geld ausgegeben für Nahrungsmittel. Manche Mädchen nehmen an Gewicht zu, obwohl sie sich nach jeder dieser Gewaltmahlzeiten übergeben. Die Suchterkrankungen können lange von der Familie unentdeckt bleiben. Sie müssen fachlich untersucht und behandelt werden, oft stationär. Die Therapie dauert lange und ist umso effektiver, je mehr die Eltern sich in das Behandlungskonzept einbinden lassen.

Hilfestellungen von Eltern und Bezugspersonen

Wie können Sie als Eltern oder andere Bezugspersonen den Jugendlichen in ihrer Identitätskrise helfen? Pflegen Sie Beziehungen, die auf Respekt und Zuneigung beruhen. Dann bemerken Sie eher, wie dem Jugendlichen zu Mute ist, was in ihm vorgeht, wie er sich fühlt. Ein Kinder- und Jugendpsychiater stellt fest: Von den meisten erwachsenen Bezugspersonen werden nämlich ausgeprägte Stimmungsveränderungen, Gefühle der Selbstentwertung oder depressive Zustände nicht wahrgenommen. Es hilft, den Jugendlichen Fertigkeiten zu vermitteln, mit deren Hilfe sie bestimmte Situationen bewältigen können. Im Rahmen der jugendpsychiatrischen Behandlung wird in Rollenspielen geübt, wie man sich in der Diskussion gut behaupten kann, wie man einem Mädchen sagen kann, dass man mit ihm gehen möchte, wie man als Mädchen Nein sagen kann. Es werden fiktive Bewerbungsgespräche geführt. Auch Handwerkliches und Praktisches ist wichtig: Mit einer Mutter kamen wir im therapeutischen Gespräch darauf, dass die achtzehnjährige Tochter, die jetzt ausziehen wollte, noch nie eine Toilette geputzt hatte und ihr Bett nicht beziehen konnte. Als unsere Söhne aus dem Haus gingen, konnten sie Spaghetti mit Tomatensoße kochen, Wäsche sortieren, Autoreifen wechseln und mit Geld umgehen.

Wir Erwachsenen sollten das Selbstwertgefühl des Jugendlichen stärken. Dazu gehört, dass man das eigene Zimmer, das

Jugendliche haben sollten, als ihr Reich achtet: Sie können das Zimmer abschließen. Bevor man hineingeht, klopft man an. Das Selbstwertgefühl stärkt es auch, wenn Jugendliche Verantwortung für etwas übernehmen. Gebrauchtwerden ist gut gegen Depression. Heranwachsende sind oft gern bereit, sich um jüngere Geschwister zu kümmern, in der Schule um neue Klassenkameraden. Ämter sind wichtig, zum Beispiel Bücherausleihe in den Schulpausen. In der kinderpsychiatrischen Klinik, in der ich gearbeitet habe, konnten die Patienten im Reitstall Verantwortung für ein Pferd übernehmen, ihr „Pflegepferd". Das hat manch einen traurigen oder auch aggressiven Jugendlichen entspannt. Auch durch ihre Äußerungen tragen Eltern und Lehrer zum Selbstwert des Jugendlichen bei. Ständig kritisierte Jugendliche verzweifeln. Und wenn das Selbstwertgefühl ganz gering ist, dann droht die Gefahr der Selbsttötung.

Eine sorgfältige Mischung von Permissivität, das heißt Nachgiebigkeit oder auch Gewährenlassen, und Grenzen setzender, aber ermutigender und annehmender Haltung stärkt unsere Söhne und Töchter. Wir wollen ihnen Liebe geben und ein gutes Vorbild sein. Auch klare Argumente, verständliche, logische Erklärungen der Eltern helfen dem Jugendlichen beim Erwachsenwerden. Wir müssen die Kunst erlernen, Heranwachsende wie junge Erwachsene zu behandeln, nicht, weil sie schon erwachsen wären, sondern weil wir ihnen genau dabei helfen wollen. Wenn über das Thema *Sexualität* von klein auf in der Familie verständlich gesprochen wird, jeweils dem Entwicklungsalter der Kinder angemessen, dann finden hoffentlich auch in der Pubertätszeit die wichtigsten Gespräche über dieses Thema mit Vater oder Mutter statt.

Ideal ist es, wenn sich der Jugendliche seine sexuelle Aufklärung von den Eltern holen kann. Sie vermitteln ihm nämlich gleichzeitig ihr Wertesystem. Was ist gut? Was ist gesund? Wie achte ich den anderen? Wonach richten sich die Eltern? Was sagt die Bibel?

Autoritätskrise

Beschreibung

Der innere Frieden geht mit Beginn der Pubertät, hormonell gesteuert, plötzlich verloren. Sicherheit, Geborgenheit, Elternbindung werden in Frage gestellt. Der Jugendliche nimmt wahr: Erwachsene machen ja auch Fehler. Sie streiten sich, sagen nicht die Wahrheit, reden schlecht über andere. Ich weiß noch, wie verblüfft ich war, als eine Klassenkameradin sagte, unsere Französischlehrerin sei faul. Eine Lehrerin faul? Das hielt ich für unmöglich! Eine Jugendliche sprach in der Therapie von ihrem Vater: „Sie glauben gar nicht, wie mein Vater schmatzt!" Das war ihr als Kind nicht aufgefallen. Die neue Sicht auf Autoritäten, die bis dahin fehlerfrei erschienen, wirkt erschütternd, bringt Unsicherheit, Verstimmbarkeit, Unruhegefühle, plötzlich aufsteigende Angst.

Allgemeine Abwehr- und Bewältigungsstrategien

„Es gilt nun also", so denkt die oder der Jugendliche, „herauszufinden, was zu mir passt. So, wie bei uns zu Hause oder in der Schule gelebt wird, will ich nicht leben! Ich will mehr! Ich brauche grelle Farben, eine schwarze Sonnenbrille, Musik im Auto, die durch die Straßen dröhnt." Manche Heranwachsenden probieren scharfe Gerüche und Geschmacksrichtungen aus. Ich erinnere mich an einen jungen Mann, der bei den

Mahlzeiten mehrere Gewürztöpfchen um seinen Teller stellte. Seine Mutter wurde wütend: „Das schöne Essen so zu verderben mit Salz, Pfeffer und Senf!" Jugendliche ziehen sich nicht wettergemäß an, sie trotzen im Winter leichtbekleidet der Kälte und packen sich dafür im Sommer warm ein. Sie zwängen sich mühsam in zu enge Jeans. Schmerzhafte Piercings schmücken oder verunstalten das Gesicht. Gegen die Unsicherheit der Seele hilft ein reges Gruppenleben. Die Peergroup ersetzt wohltuend das Elternhaus. Hier kann man einander austauschen und trösten über die unerträglichen Alten und man wird verstanden. Hier kann man gemeinsam Dinge unternehmen, herumfahren, feiern, trinken, tanzen und philosophieren. Der Fernsehmoderator *Jörg Pilawa* erzählte in einer Sendung, seine Tochter habe einen Zettel geschrieben: „Liebe Mama, eigentlich bin ich ganz anders, bloß komme ich so selten dazu!"

Diesen Autoritätsprotest nannte man früher Flegeljahre. Er kann aktiv, aggressiv ausgeprägt sein. *Christa Wolf* schreibt (*Sommerstück*, 1989): „Mit welcher Brachialgewalt Jenny ihren Drang nach Unabhängigkeit gegen sie durchgesetzt hatte, als sie vierzehn, fünfzehn war. Rücksichtslos ... Unangekündigtes Ausbleiben bis zum Morgengrauen, Alkoholmissbrauch, jawohl, frivoles Spiel mit der mütterlichen Angst. Überangst, konnte Jenny ungerührt sagen, Überbesorgnis, die man der Mutter beizeiten abgewöhnen muss." Bei anderen Heranwachsenden verläuft die Zeit der Flegeljahre mehr passiv im Sinne von Abkapselung. Sie reagieren mürrisch, störrisch, wortkarg, sie verschwinden. Und wenn sie etwa gemeinsam mit der Familie unterwegs sein müssen, bleiben sie zehn Schritte zurück, weil die Familie so überaus peinlich ist.

Hilfen von Eltern und Bezugspersonen

Nun ist es wichtig, was die Familie ist. Ein Ort der Sicherheit, der Auseinandersetzung und der offenen Kommunikation zwischen Menschen, die wirklich füreinander da sind. Bevor ich einzelne Vorschläge mache, möchte ich überhaupt warnen: Bitte keine Vorwürfe! Nörgeln Sie nicht! „Ich habe dir schon tausendmal gesagt ...!" nützt nichts, wie wir alle wissen, sondern verdirbt nur die Familienstimmung. Was hilft, ist die Haltung freundlicher Sorge, nicht besitzergreifender Wärme. Versuchen Sie, die Dinge aus dem Blickwinkel des jugendlichen Mädchens oder Jungen zu sehen, mit ihr/ihm zu fühlen, so dass sie/er sich verstanden weiß. Das ist oft schwer, auch weil wir uns nicht gern an unsere eigene Pubertätszeit erinnern. „Meine eigenen Erfahrungen aus der Schlakszeit habe ich, was das Verhalten gegen Mädchen angeht, völlig gelöscht", sagte ein Vater zu mir in der Sprechstunde. Versuchen wir, uns in jene Widersprüche von Arroganz und Selbsterniedrigung zurück zu versetzen, die der Teenager erlebt. Gelingt uns das, können wir zu echter Sympathie finden. Der Teenie fühlt sich verstanden, nicht nur toleriert oder herablassend geduldet. Verstanden zu werden ist für Jugendliche das Gleiche wie die Erfahrung fester Grenzen für Kleinkinder: Sie wissen sich geborgen. Bestehen Sie auf festen sozialen und moralischen Forderungen. Wählen Sie die Regeln sorgfältig, dem Teenie genau bekannt, unkompliziert, fair, gleichbleibend, entsprechend Ihren persönlichen Werten. Ich füge hinzu: Wählen Sie die Regeln entsprechend Ihrem Glauben.

In einem Artikel las ich diesen wertvollen Rat: „Bleiben Sie fest, äußern Sie keine leeren Drohungen. Bleiben Sie ausdauernd, auch bei wiederholtem Stänkern. Auch wenn es Ihnen Vorwürfe, neidvolle Vergleiche und Widerspenstigkeit von Seiten

Ihres Teenagers einträgt: Fassen Sie sich ein Herz und bleiben Sie fest. Es mag schmerzlich für Sie sein, aber es wird sich auf lange Sicht lohnen."

Die Sinnkrise

Beschreibung

Was ist der Sinn des Lebens? Diese ganz neue Frage bewegt die Jugendlichen. Sie suchen nach dem Sinn, nach Gott. Wehe, wenn zu Hause nur Besitz, Arbeit und Fernsehen als Lebensinhalt gelten. Für Jugendliche, die in christlichen Familien groß geworden sind und „eigentlich schon immer gläubig" waren, beginnt eine Zeit des Zweifelns, der Selbstprüfung, des Nachdenkens, des Ausprobierens. Unabhängigkeit wird angestrebt. Da tauchen Fragen auf wie: „Ist Gott der, an den die Eltern glauben? Habe ich Angst vor Gott? Pfeife ich auf Gott? Probiere ich mal aus, wie es ohne ihn geht? Was habe ich davon, dass ich an ihn glaube? Was haben meine Eltern und andere Erwachsene davon, dass sie sonntags zum Gottesdienst gehen? Was bringt mir die Jugendgruppe der Gemeinde?" Die Jugendlichen geraten in Gefahr, die morgendliche Zeit mit der Bibel aufzugeben, „weil es ja doch nicht hilft". Die neu angefangenen Bibellesehilfen für Erwachsene – vorher die für Kinder – lösen das Problem vielleicht nicht. Auch sind die Jugendlichen jetzt unausgeschlafener, weil sie mehr Abendprogramm haben. Dann rauscht der Inhalt der Bibeltexte an ihnen vorbei und sie werfen alles hin. Neu ist die Erfahrung der eigenen Sündhaftigkeit. Viele meinen, sexuelle Phantasien und Selbstbefriedigung seien schlimmere Sünden als die, deren sie sich vor Beginn der Pubertät bewusst waren. Sie beten darum, vor Versuchung bewahrt zu werden und unterliegen doch immer wieder. Jetzt muss ihnen jemand sagen, dass *Jesus* die Sünde besiegt, nicht wir selbst, und dass wir uns an *Jesus* hängen können!

Hilfen

Da ist gute, klare Hilfe von außen nötig, zum Beispiel ein ehrlicher Jugendkreis, in dem auch grüne Haare erlaubt sind. Jesus und sein Wort sind dort das Wichtigste – das muss immer wieder klar gestellt werden. Aber man kann dort philosophieren und über andere Religionen sprechen, man bringt all die neuen Fragen an und Zweifel sind erlaubt. Hier können auch Lasten, die sehr moralisch veranlagte Erwachsene auferlegt haben, abgegeben werden. Es gibt so viel geistliche Besserwisserei der Alten, die die Jugendlichen aus der Nähe von Jesus verscheucht. Manche finden deswegen erst sehr spät im Leben wieder zurück zum Glauben. Ein guter Weg ist es, fleißig zu untersuchen, was *die Bibel* sagt. Sie macht frei von menschlichen Bevormundungen. Es hilft, ruhig zu werden, sich Zeit zu nehmen, allein oder in einer Gruppe. Bibelstudium und das Gebet miteinander und füreinander machen stark auf dem bewussten Weg mit Jesus. Für IHN ist immer am wichtigsten, wieviel Zeit wir *mit* IHM verbringen, in seiner Nähe. Das ist die Zeit, in der er uns Gutes tun und unseren Glaubenswurzeln Wasser und Nahrung geben möchte.

Persönliche Seelsorger sind außerdem eine große Hilfe, ein Mann für Jungen, eine Frau für Mädchen. Seelsorger sollten unverkrampft und in Glauben und Leben erfahren sein, damit sie die Jugendlichen verständnisvoll anhören und mit Autorität anleiten können. Natürlich müssen sie vollkommen verschwiegen sein. Die Beziehung zwischen der/dem Jugendlichen und dem Seelsorger sollte vertrauensvoll und angenehm sein.

Regelmäßige Gespräche helfen, wenn man anfängt, den Glauben ins Alltagsleben umzusetzen. Die Eltern sind oft wenig gefragt in dieser Zeit. Sie haben hauptsächlich Knie-Arbeit zu tun und viel mehr mit Gott über ihre Jugendlichen zu reden als mit diesen über Gott. Sie sollten entspannt und liebevoll bleiben, auch wenn die Heranwachsenden zum Beispiel sonntags ausschlafen wollen. Kommentare („Der X geht jeden Sonntag in die Gemeinde."), Aufforderungen („Sei so gut und steh pünktlich auf, damit du zum Gottesdienst zurechtkommst.") und Druck („Was denkt der Prediger von uns, wenn du dich nicht blicken lässt?") sollten die Eltern ganz und gar unterlassen. Allenfalls freundliche Information und lockere Einladung sind erlaubt. Eltern können ganz ohne Hintergedanken, einfach aus eigener Freude heraus erzählen, was sie heute im Gottesdienst erlebt haben. Die Grenze zwischen dem, was wir als Eltern geistlich an unseren Kindern tun müssen, und dem, was Gott selbst, möglicherweise durch ganz andere Leute, an ihnen tun will, ist schwer zu erkennen. Je mehr wir Eltern von unserem eigenen Willen gereinigt und ganz in den Willen von Jesus eingebettet sind, desto leichter können wir locker bleiben.

Zum Schluss:

Die Pubertät schenkt Neues. Das Erwachsenwerden ist spannend, die erste Liebe ist die schönste im Leben. Reisen, Nächte hindurch diskutieren, die Schule hinter sich lassen und eine Ausbildung beginnen, von zu Hause ausziehen und eine eigene Wirtschaft einrichten – das ist alles begeisternd und aufregend, darauf hat man schon lange gewartet, das hat man herbeigesehnt. Wir Eltern wollen unsere Heranwachsenden mit Gottes Hilfe durch diese Zeit begleiten, gelassen und erfolgreich!

Dürfen Großeltern mit erziehen?

Man erzieht nur einmal

Die Geburt Ihres ersten Enkelkindes haben Sie sicher in besonderer Erinnerung – wenn Sie nicht noch darauf warten. Das ist ein Tag der Freude, wenn ein gesundes Enkelkind zur Welt kommt; wenn man das Glück der jungen Eltern miterleben und das neugeborene Wunder in den Arm nehmen darf. Erinnerungen an die Geburt der eigenen Kinder werden wach. Wir sorgen uns um Mutter und Kind. Aber wir sind froh, dass wir nicht nachts aufstehen müssen und dass wir nicht die Verantwortung tragen, denn: Man erzieht nur einmal.

Alles hat seine Zeit (Prediger 3,1 ff.), auch das Kindererziehen (ist dort nicht erwähnt). Wir haben Kinder gehabt in einer bestimmten Phase unseres Lebens. Damals waren wir jung und unerfahren, aber wir hatten Kraft und Mut. Die Erziehung unserer Kinder ist uns mehr oder weniger gelungen. Sie ist aber jedenfalls abgeschlossen, unsere Kinder sind erwachsen, abgelöst von uns, eigenständige, fertige Persönlichkeiten. Zu erziehen gibt es da nichts mehr. Wohl den Eltern, die ihre erwachsenen Kinder vertrauensvoll als eigenständige Menschen achten und behandeln.

Ja, es gibt viel Schweres für Eltern, die sich ihre Kinder anders vorgestellt hatten und an diesen Vorstellungen festhalten. Auch gläubige Eltern sorgen sich, möchten eingreifen, korrigieren, „helfen", „meinen es ja nur gut". Das geht nicht. Erzogen ist erzogen. Die Erziehung und alles weitere hält unser himmlischer Vater in seiner Hand.

Was Großeltern dürfen

Sich an den Enkeln erfreuen, ohne die Verantwortung zu tragen

Es ist etwas ganz anderes, eigene Kinder großzuziehen, als die Enkelkinder heranwachsen zu sehen. Jemand sagte scherzhaft: „Hätte ich gewusst, wie schön es mit Enkelkindern ist, hätte ich die zuerst gekriegt!"

Mit der eigenen – jetzt größeren – Lebenserfahrung nehmen wir den erwachenden Geist des Enkelkindes wahr. Wir haben Zeit, ihm zuzuschauen und hinzuhören. Wir beobachten gelassen, wie das Kind sich entwickelt, wie es lernt, sich zu bewegen, zu sprechen, seinen Willen zu äußern. Wir lernen das Kind kennen: was es gern isst, wie es neugierig zuschaut, wenn der Opa etwas in der Werkstatt macht. Welche Freude, wenn das Kind beginnt, uns zu kennen, „Oma" und „Opa" ruft und angetippelt kommt. Welche Freude auch, wenn man Ähnlichkeiten entdeckt: Die Augen erinnern an den Vater, die Stimme klingt wie die der Mutter, als sie ein kleines Mädchen war. Wir freuen uns, wenn die Enkel gern kommen, gern erzählen, gern essen, was die Oma gekocht hat. Wir freuen uns über die Liebe und Zutraulichkeit unseres Enkels. Und wir dürfen die Kinder abends wieder abgeben! Wir tragen nicht die Verantwortung! Wir müssen uns nicht mit ihren Krankheiten herumschlagen. Wir müssen nicht nach einem vollen Arbeitstag Kraft aufbringen für die Abendzeremonie des Zubettbringens. Das machen die Eltern.

Großeltern dürfen den Enkeln Freude machen

Großeltern dürfen die Enkelkinder zu sich einladen, hier können sie alle – Cousins und Cousinen – zusammenkommen.

In meiner Jugend gab es das Buch *Das Enkelhaus (Agnes Sapper, 1917)*. Darin waren die Großeltern in ihrem Waldhaus der Mittelpunkt herrlicher Ferien aller Enkelkinder. Zu Besuch bei Oma und Opa: Hier gibt's vielleicht andere Bilderbücher und Spielsachen als zu Hause, vielleicht noch aus der Zeit, als die Eltern Kinder waren. Vielleicht gibt's sogar ein Enkelzimmer zum Übernachten. Die Enkelkinder meiner Mutter haben ihr einmal die Wohnung renoviert, während sie in Urlaub war. Abends lasen sie, heranwachsende Mädchen und Jungen, in den alten Asterix-Heften, die schon ihre Eltern gelesen hatten – ein wunderschöner Anblick!

Oma und Opa haben Zeit. Sie hören zu, sie nehmen das Kindergeplapper gelassen hin, es wird ihnen nicht zu viel. Sie haben Zeit, immer wieder dasselbe Buch anzuschauen oder vorzulesen. Sie erzählen immer wieder dieselben Märchen oder Ereignisse aus der Zeit, als die Eltern noch Kinder waren. Sie singen immer wieder dieselben Lieder mit den Kindern. Man kann die Großeltern für sich haben, sie sind da und haben Zeit. Großeltern spielen gern, Sie auch? An das Halma-Spiel mit meiner Oma erinnere ich mich gut. Sie verbaute mir doch tatsächlich meine Bahnen! Das war gemein, aber sie nahm mich als Gegnerin ernst.

Sicher wissen Sie viele Beispiele dafür, wie Sie Ihre Enkel erfreuen, die kleinen und die großen. Später, wenn die Kinder heranwachsen und in die Pubertät kommen, sind Opa und Oma manchmal Vertraute. Meine Tante erfuhr zum Beispiel von manchen Liebesdingen der Enkel mehr als die eigenen Eltern. Und natürlich erfreuen Sie Ihre Enkelkinder damit, dass Sie immer an den Geburtstag denken und auch zu Weihnachten etwas schenken. Auf die Größe des Geschenks kommt es nicht an. Wichtig ist nur: „Opa und Oma vergessen mich nie, sie schicken immer einen Brief mit etwas darin. Immer bekomme ich ein hübsches Päckchen." Meine Patentante hatte acht Kinder und entsprechend viele Enkel. Sie erzählte mir, dass eine Enkeltochter ihr immer wie zufällig kurz vor ihrem Geburtstag irgendetwas schrieb. Sie wollte sicher sein, dass die Großmutter den Geburtstag nicht vergaß.

Zum Erfreuen gehört auch, den Enkeln von Jesus zu erzählen. Wenn die Eltern es erlauben, lesen wir den Enkeln christliche Kinderbücher vor und erzählen biblische Geschichten. Wir singen mit ihnen und lehren sie Gebete. Sehr oft auch beim Spielen kommt unversehens das Gespräch auf Gott. Im Kindergarten sprechen sie miteinander darüber. In einem christlichen Kindergarten haben sie Andachten und „Unterricht". Da können wir Großeltern anknüpfen. Unser Glaube ist eine Hilfe für unsere Kleinen!

Großeltern dürfen in der Not aushelfen

In Notzeiten zu helfen ist eine Großelternpflicht, mit der wir in der Kinderpsychiatrie viel zu tun hatten. Vor allem Alleinerziehende können oft nicht anders, als regelmäßig auf die Hilfe von Großeltern zurückzugreifen. Ich war immer erleichtert, wenn Oma und Opa oder einer von ihnen schon pensioniert war. Dann hatte das Kind einen regelmäßigen Ankerpunkt und musste nicht allein zu Hause sein, wenn die Mutter oder der Vater arbeiten ging. Großeltern können auch die Rettung sein, wenn Enkelkinder „zu früh" geboren werden, die Eltern nämlich noch in der Ausbildung sind. Viele andere Gründe, bei uns damals in der Klinik häufig das „Häus'le bauen", gibt es, derentwegen Eltern gern auf die Großeltern zur verlässlichen

Umsorgung der Kinder zurückgreifen. Nicht selten treten bei Krankheit oder Tod der Eltern die Großeltern in die Lücke und sorgen für die Enkelkinder. Ein Glück für Kinder, wenn sie Großeltern haben, auf die in der Not Verlass ist.

Manchmal werden Großeltern auch um Rat gefragt. Dann und nur dann können sie mit ihrer Lebenserfahrung den jungen Eltern zur Seite stehen. „Wie habt ihr das mit mir gemacht? War ich auch so wild, so langsam, so anstrengend, so aggressiv, so schwierig, so faul?" „Der Junge sagt nicht die Wahrheit – was soll ich machen?" „Das Mädchen ist so unordentlich, wie habt ihr das in den Griff gekriegt?" Ich freue mich immer sehr, wenn ich von meinen Kindern um Rat gefragt werde in der Erziehung. Und ich schaffe es, den Mund zu halten, wenn ich nicht gefragt werde. Gerade Töchter sind sehr allergisch dagegen, dass Mutter oder Schwiegermutter sich ungefragt in die Erziehung einmischen, korrigieren, etwas kritisieren oder Vorschläge machen, um die sie niemand gebeten hat.

Großeltern dürfen „nein" sagen, wenn es ihnen zu viel wird

Über diesen Punkt habe ich die verschiedensten Ansichten gehört von Eltern und Großeltern. Ich denke, dass das Aufziehen und Erziehen zu hundert Prozent die Aufgabe der Eltern ist. Die Großeltern können eine wundervolle Ergänzung sein, aber sie sollen sich nicht ausnutzen lassen. Die jungen Eltern stellen sich der Aufgabe der Kindererziehung und sind bereit, dafür viele persönliche Opfer zu bringen, so wie das vor ihnen die Großeltern getan haben. Bequem ist es nicht, Kinder zu haben. Es kostet Kraft und Hingabe und den Verzicht auf viele Freiheiten, die man sich ohne Kinder nehmen könnte.

Hier stehen Oma und Opa nicht als Ersatzlösung auf der Matte. Sie sind nicht verpflichtet, der jungen Familie einen gewissen Lebensstandard oder ein gewisses Maß an Freiheiten zu garantieren. Man kann die Großeltern bitten und fragen, aber sie sind frei und dürfen „nein" sagen, auch gläubige Großeltern. Sie haben zu ihrer Zeit alles eingebracht, um ihren Kindern mitzugeben, was möglich war. Jetzt haben sie keine Pflichten mehr und sagen nur noch das zu, was sie gern und gut geben können. Es bringt auch Ordnung in die junge Familie, wenn Opa und Oma einen Enkel-Nachmittag klar beenden, indem sie die Kinder nach Hause schicken.

Stolpersteine

Mangelnde Wertschätzung für die (Schwieger-)Tochter oder den (Schwieger-)Sohn

Nicht alle Eltern erleben das Glück, die Partnerwahl ihrer Kinder richtig zu finden (1. Mose 26,34+35: Die beiden Frauen von Esau brachten Rebekka und Isaak viel Herzeleid). Wie oft habe ich in der Kinderpsychiatrie erlebt, dass die Großeltern eine Abneigung gegen die Schwiegertochter oder den Schwiegersohn hegten und dies im Umgang mit den Enkelkindern – subtil oder deutlich – spüren ließen. Sie schufen eine gefühlsmäßige Barriere und übertrugen ihre Enttäuschung, ihren Ärger, ja zuweilen ihren Hass auf ein Enkelkind. Sie ließen es bei jeder Gelegenheit fühlen, dass Mama oder Papa nicht in Ordnung seien. Teils versuchten sie, dem Enkelkind mit Worten immer wieder einzuhämmern, ein Elternteil taugte nichts, sei böse, weswegen das Enkelkind nichts Gutes über ihn sagen dürfe und auf jeden Fall aufpassen müsse, nicht so zu werden wie Papa oder Mama. Es gibt auch Großeltern, die maulwurfartig die

Lebensgrundlage ihrer Enkel zerwühlen, indem sie die Eltern als unfähig, unbedeutend und unwichtig hinstellen. Kinder möchten beiden Eltern voll vertrauen. Wenn sie eingeflüstert bekommen, dass das falsch sei oder sich nicht lohne, werden sie seelisch krank.

Ich hatte in der kinderpsychiatrischen Sprechstunde einen kleinen Patienten, dessen Oma es nicht fassen konnte, bei den Familiengesprächen vor der Tür warten zu müssen, anstatt zum Gespräch gebeten zu werden. Sie konnte nichts anderes denken, als dass ihre Tochter als Mutter unfähig sei. Wir haben intensiv versucht, die Mutter zu stärken, zum Beispiel indem wir sie wie die sorgeberechtigte Mutter behandelten, die für alle Belange des Kindes allein zuständig ist. Alle Absprachen wurden nur mit ihr getroffen, die Besuchsregelung war ihre Sache. Der als aggressiv aufgenommene Junge entspannte sich und wurde sehr zugänglich und glücklich. Leider haben wir diesen Kampf am Ende verloren, die Oma war stärker und nahm den Jungen später zu sich. Die Verhaltensstörungen werden sich verschlimmern, wenn der Streit zwischen Mutter und Oma nicht aufhört – das kann man vorhersagen.

Ungerechtigkeit

Es ist menschlich verständlich, wenn Großeltern ihre Enkel verschieden stark lieben. Der erste Enkel spielt vielleicht eine Sonderrolle, der erste männliche Enkel ist der Star, die hübscheste Enkelin wird am meisten beachtet. Haben Sie eine Ahnung, wie intensiv Kinder solche Ungerechtigkeiten spüren? Wie Geschwister es lebenslang nicht verwinden, wenn Eltern eine(n) vorgezogen oder benachteiligt haben? Und wie auch die Enkelkinder ganz genau merken, ob sie bei Oma und Opa einen Stein im Brett haben oder immer den Kürzeren ziehen? Das merken Enkelkinder in jedem Lebensalter seismographisch empfindlich. „Meine Oma hat Schubladenenkel", sagte eine Physiotherapeutin, die zur Beratung kam. Als ich nachfragte, erklärte sie: „In einer Schublade sind die, die Abitur haben, die besseren natürlich." „Meine Mutter zieht die Kinder meiner Schwester vor", sagte mir meine Freundin. Ihren Kindern blieb die Nähe zur Großmutter verwehrt, lebenslang. Sie haben darunter gelitten. Die Gerechtigkeit der Großeltern, das gleichmäßig verteilte Quantum an Liebe, Zeit, Zuwendung, Freundlichkeit und Geschenken ist eine grundsätzliche Pflicht für Großeltern mit mehreren Enkelkindern. Das betrifft selbstverständlich auch die gerechte Verteilung des Erbes. Für die Entwicklung der Enkel ist das Erleben von Gerechtigkeit unverzichtbar – auch dadurch wird ihre Persönlichkeit stark.

Fällt Ihnen dies schwer? Hier hilft dieselbe Methode, die überhaupt beim Umgang mit schwierigen Menschen hilft: gleichmäßig und intensiv für alle Enkelkinder beten, sie segnen und den Namen von Jesus auf sie legen. Besuche, gerade der weniger geliebten Enkelkinder, besonders gründlich betend vorbereiten. Die Liebe, auch die zu den Enkelkindern, ist ja kein Gefühl, das wir möglichst ausreichend in unserem Herzen zusammenkratzen müssen. Jesus gibt uns davon, soviel wir wollen, immer mehr, als wir brauchen, immer wieder. Wir müssen nur daran denken, sie uns abzuholen.

Der Wunsch, dass die Enkel erreichen, was die Kinder nicht erreicht haben

Sehr schwer erträglich ist es für Eltern, wenn Sohn oder Tochter nicht den von ihnen erwarteten Lebensweg eingeschlagen haben. Sehr schwer ist es für Sohn oder Tochter, in dem Bewusstsein zu leben, die elterlichen Erwartungen nicht erfüllt zu haben. „Nun ist ja ein Junge geboren, der kann erreichen, was sein Vater nicht geschafft hat!" Nicht wenige Großeltern denken so oder rechnen im Stillen ganz fest damit, dass die Enkelin die Chancen, die ihre Mutter verpasst hat, nutzen und „etwas Besseres" werden wird. Das Kind wird mit Erwartungen belegt, die es sehr genau spürt und die es vielleicht erdrücken. Wenn Enkel nicht gern zu Großeltern gehen, kann dies, unter vielem anderen, der Grund sein. Eine gläubige Großmutter, die hofft, dass nun wenigstens die Enkelkinder gläubig werden, wenn es schon die eigenen nicht sind, übt vielleicht einen solchen Druck aus, dass Kinder nicht gern zu ihr kommen. Solche Bemerkungen wie: „Wir beten hier vor dem Essen, das tut ihr ja leider zu Hause nicht", sind in verschiedener Hinsicht sehr schädlich. Besser wäre: „Kommt Kinder, wir beten, Gott hat uns so ein gutes Essen geschenkt!"

Druck auszuüben, Erwartungen zu äußern und immer wieder zum Thema zu machen, ist unfröhlich und völlig unwirksam. Liebhaben und Loben – das schafft gute Beziehungen der Großeltern zu den Enkelkindern und stärkt ihre Persönlichkeiten. Es gibt viele Möglichkeiten, Vorbild zu sein, Wege vorzuleben und vorzuschlagen. Aber dabei soll man freundlich und offen bleiben und Entscheidungen freilassen.

S.D.G.
VERLAG

Die Ärztin Dr. Christa-Maria Steinberg und der
Evangelist Lutz Scheufler behandeln aus Sicht
der Therapie und der Bibel eine der größten
Sehnsüchte der Menschheit - Heilung! Unter dem
Thema „Heilung ist möglich!" waren die Referenten
zu gemeinsamen Veranstaltungen auf Tour. In
dieser Handreichung sind ihre Vorträge abgedruckt:
verständlich, praxisnah, anwendbar.

Artikel-Nr.: 819.839
ISBN: 978-3-930868-15-5
Seiten: 116

S.D.G.
VERLAG

Klar, Gefühle sind wichtig. Sie gehören ganz elementar zu unserem Leben! Manches Mal aber wähnen wir uns ihnen ausgeliefert, wie einem Virus. Da kann man eben nichts machen! Diese Annahme wird einfühlsam widerlegt: Wir müssen nicht „gefangen bleiben - im Fahrstuhl unserer Gefühle"! Die Ärztin und Psychotherapeutin Christa-Maria Steinberg zeigt Ausstiegs-Möglichkeiten aus dieser Falle und macht klar, wie unser Gefühlsleben wieder in Balance kommen kann. Diese Handreichung kann man gut in einem Zuge durchlesen. Eine Ermutigung, sich eng an Gott zu hängen.

Artikel-Nr.: 819.834
ISBN: 978-3-930868-12-4
Seiten: 47